（新版）走遍西班牙

Nuevo Sueña

Cuaderno de Ejercicios
练习册

1

［西班牙］

玛丽亚·安赫雷斯·阿尔瓦雷斯·马汀内斯

阿娜·布兰科·卡纳莱斯

玛丽亚·路易莎·戈麦斯·萨克里斯坦　　　著

努里娅·佩雷斯·德·克鲁斯

王磊　译

A1–A2

外语教学与研究出版社

北京

京权图字：01-2017-2281

© GRUPO ANAYA

图书在版编目（CIP）数据

走遍西班牙新版 1 练习册 ／（西）玛丽亚·安赫雷斯·阿尔瓦雷斯·马汀内斯等著；王磊译. —— 北京：外语教学与研究出版社，2017.6（2018.10 重印）
ISBN 978-7-5135-6613-1

Ⅰ . ①走… Ⅱ . ①玛… ②王… Ⅲ . ①西班牙语－听说教学－高等学校－习题集 Ⅳ . ①H349.9-44

中国版本图书馆 CIP 数据核字 (2017) 第 166080 号

地图审图号：GS (2017) 1006 号

出 版 人　蔡剑峰
责任编辑　李　丹
执行编辑　李欣欣
封面设计　锋尚设计
出版发行　外语教学与研究出版社
社　　址　北京市西三环北路 19 号（100089）
网　　址　http://www.fltrp.com
印　　刷　北京市联华印刷厂
开　　本　889×1194　1/16
印　　张　9.5
版　　次　2017 年 7 月第 1 版 2018 年 10 月第 5 次印刷
书　　号　ISBN 978-7-5135-6613-1
定　　价　30.00 元

购书咨询：（010）88819926　电子邮箱：club@fltrp.com
外研书店：https://waiyants.tmall.com
凡印刷、装订质量问题，请联系我社印制部
联系电话：（010）61207896　电子邮箱：zhijian@fltrp.com
凡侵权、盗版书籍线索，请联系我社法律事务部
举报电话：（010）88817519　电子邮箱：banquan@fltrp.com
法律顾问：立方律师事务所　刘旭东律师
　　　　　中咨律师事务所　殷　斌律师
物料号：266130001

出版说明

　　《新版 走遍西班牙》（*Nuevo Sueña*）系我社从西班牙阿纳亚出版集团（ANAYA）再次引进的一套以交际功能为基础的西班牙语教材。这套教材由西班牙著名的语言学府阿尔卡拉大学（Universidad de Alcalá）的资深语言学家和有丰富对外西班牙语教学经验的老师共同编写。由于各个国家学习语言的特点不同，我们特请北京外国语大学的老师根据中国学习者的特点对这套教材进行编译。

　　本册为《新版 走遍西班牙 1》的练习册，是学生用书的同步练习。全书共分10课，主要用于强化和复习所学的知识，涵盖听说读写译和文化等各类型的习题。书后附有练习答案，可供检测学习成果，另外随书配外研随身学APP音频，内含听力理解题目的内容。

外语教学与研究出版社

西葡意语工作室

2017年6月

ÍNDICE 目 录

1

¿Quiénes somos? **6**
ámbito 1 ¿Cómo te llamas? 7
ámbito 2 ¿Cómo estás? 11

2

Mi mundo **16**
ámbito 1 La casa 17
ámbito 2 La clase 22

3

Mi vida **26**
ámbito 1 Un día normal 27
ámbito 2 Un día de fiesta 34

4

Lo normal **38**
ámbito 1 Tareas 39
ámbito 2 ¿Qué me pasa, doctor? 46

5

Nos divertimos **52**
ámbito 1 ¡Nos vamos de vacaciones! 53
ámbito 2 Me gustan la música, el cine... 58

6

¿Puedo...? **64**
ámbito 1 Hay que estudiar 65
ámbito 2 ¡Que tengas suerte! 71

7

¿Cuidamos el medio ambiente? **76**
ámbito 1 ¿Qué has hecho hoy? 77
ámbito 2 ¿Y tú qué opinas? 82

8

Hablemos del pasado **86**
ámbito 1 Biografías 87
ámbito 2 ¡Qué experiencia! 91

9

Recuerdos de la infancia **96**
ámbito 1 Así éramos 97
ámbito 2 Todo cambia 102

10

Y mañana, ¿qué? **106**
ámbito 1 Mañana será otro día 107
ámbito 2 Esto se acaba 112

Soluciones **117**

1 ¿Quiénes somos?

ámbito ❶ ¿Cómo te llamas?

- Saludar
- Deletrear
- Presentarse uno mismo
- Preguntar y decir el nombre y los apellidos, el origen, las lenguas que se hablan, la edad y la profesión o los estudios
- Pedir y dar información sobre el significado y la forma de las palabras

ámbito ❷ ¿Cómo estás?

- Saludar y despedirse
- Presentar a alguien y responder al ser presentado
- Preguntar y decir la dirección
- Preguntar y decir el número de teléfono
- Contestar al teléfono y preguntar por alguien

ámbito ① ¿Cómo te llamas?

1 Relaciona los nombres con los apellidos. 请把名字和姓氏连接起来。

Nombres
- Isabel
- Plácido
- Antonio
- Mario

Apellidos
- Allende
- Banderas
- Vargas Llosa
- Domingo

Nombres
- Gabriel
- David
- Rafael
- Enrique

Apellidos
- Bisbal
- Iglesias
- García Márquez
- Nadal

(APP) 2 Marca las letras que escuchas. 请标出听到的字母。

j ☐   ñ ☐
z ☐   p ☐
s ☐   t ☐
r ☐   b ☐
l ☐   v ☐

(APP) 3 Escucha y completa. 请听录音并将空缺补全。

a ▶ ——— ▶ ——— ▶ ——— ▶ ———

b ▶ ——— ▶ ——— ▶ ——— ▶ ———

c ▶ ——— ▶ ——— ▶ ——— ▶ ———

4 Completa adecuadamente. 请补齐下列对话。

A: ¡Hola! ¿Cómo ………………………………?
B: Me ……………… Anne, ¿y ……………?
A: Yo …………… Luis. ¿Cómo ……………?
B: Stephen, Anne Stephen, ¿y ………………?

A: López. ¿De dónde eres?
B: ………………………………… alemana.
A: Yo ………………………………… español.

5 Completa las nacionalidades. Después, señálalas en el mapa. 请填写国籍并在地图上指出国家所在的位置。

	argentino	*argentina*
1. Argentina		
2. Uruguay		
3. México		
4. Venezuela		
5. Perú		
6. Cuba		
7. Bolivia		
8. Brasil		
9. Chile		

6 **Completa con el adjetivo de nacionalidad correspondiente.** 请用与国籍对应的形容词填空。

O / A

1. México   *mexican…*   *mexican…*
2. Italia   _____   _____
3. Suecia   _____   _____
4. Argelia   _____   _____
5. Turquía   _____   _____
6. India   _____   _____

Ø / A

7. Inglaterra   *inglés*   *inglesa*
8. Francia   _____   _____
9. Portugal   _____   _____
10. Holanda   _____   _____
11. Japón   _____   _____
12. Irlanda   _____   _____

7 **Escucha y subraya los números que oyes.** 请听录音并标出听到的数字。

10 diez   **18** dieciocho   **12** doce

14 catorce   **9** nueve   **4** cuatro   **5** cinco

15 quince   **7** siete   **16** dieciséis

8 **Ahora, escribe los nombres de estos números.** 现在，请写出下列数字对应的西班牙语名称。

28   **3**   **12**   **14**   **6**

15   **13**   **11**   **9**   **61**

99   **49**   **57**   **32**

79   **33**   **94**   **81**

9 Formula las preguntas a las siguientes respuestas.
请根据下列回答进行提问。

1. _____
2. _____
3. _____
4. _____
5. _____
6. _____
7. _____
8. _____
9. _____
10. _____

Tengo 18 años.

Soy de Londres.

Se llaman Arthur y Julie.

Tiene 28 años.

Soy médico.

Hablamos inglés y español.

Yo soy profesora y ella es estudiante.

Él se llama Juan y ella se llama Elvira.

Es estadounidense.

Pérez, José Pérez.

10 Contesta las siguientes preguntas. 请回答下列问题。

Julia Roberts

Antonio Banderas

Gisele Bündchen

1. ¿Qué lengua habla Antonio Banderas? _____
2. ¿Qué lengua habla Michael Schumacher? _____
3. ¿Qué lengua habla Monica Bellucci? _____
4. ¿Qué lengua habla Jean Paul Gaultier? _____
5. ¿Qué lengua habla Julia Roberts? _____
6. ¿Qué lengua habla Gisele Bündchen? _____

11 👥 **En parejas, haced preguntas y responded.** 两人一组，完成下列问答。

ALUMNO A

1. Pregunta a tu compañero cómo se dicen en español estos términos. 请向同学提问这些词语的西班牙语名称。

Ej.: *¿Cómo se dice en español station?*

2. Contesta a tu compañero. Utiliza el diccionario. 请查阅词典，回答同学的问题。

ALUMNO B

1. Contesta a tu compañero. Utiliza el diccionario. 请查阅词典，回答同学的问题。

2. Pregunta a tu compañero cómo se dicen en español estos términos. 请向同学提问这些词语的西班牙语名称。

Ej.: *¿Cómo se dice en español table?*

12 **Relaciona las palabras con los dibujos.** 请将下列词语与图画对应起来。

1. mira
2. pregunta
3. escribe
4. habla
5. escucha
6. relaciona
7. lee

1 ¿Qué dices en las siguientes situaciones? 如何用西班牙语表达下列情形？

1. Te despides de un compañero al que vas a ver más tarde.	Ej.: *Hasta luego.*
2. Te despides de una persona a la que no sabes cuándo vas a volver a ver.	
3. Te vas a la cama y te despides de tus compañeros.	
4. Saludas a un amigo.	
5. Presentas tus padres a tu profesor.	
6. Saludas a la directora de tu empresa.	

2 Completa estos diálogos. 请补齐下列对话。

I.

A: ¡.................., Inés! ¿.................. estás?

B: ...., gracias. ¿Y ....?

A: .... bien.

2.

A: Mira, Juan, ... es Ana.

B: ¡.................., Ana! ¿.................. tal?

C: ....

3.

A: ¿.................. está usted?

B: ...., gracias.

4.

A: Adiós, hasta mañana.

B: ...., buenas noches.

5.

A: Buenos días, ¿.................. usted Susana Vergara?

B: Sí, ... yo.

A: Me .... Alicia y .... la secretaria del señor López.

B: ....

3 Completa las siguientes frases con *este*, *esta*, *estos*, *estas*. 请用este, esta, estos, estas填空。

I. Mira, ... es Juan y .... es María.

2. ¡Ah! .... de la foto son las Spice Girls.

3. Buenos días, Antonio. Mira, ... es Inés.

4. Luis, ... es el señor López.

5. .... es Nuria y .... es Aurora.

6. .... son los libros que nos gustan.

7. .... es Guillermo, un compañero de la universidad.

8. Mira, Paco, ... es la señorita Hidalgo, la nueva secretaria.

9. .... son los directivos de la nueva compañía.

10. .... son los informáticos y .... son los ingenieros.

4 **Completa con el artículo (el / la / ø) cuando sea necesario.** 请在必要处填写冠词（el / la / ∅）。

1. Por favor, ¿está .... señor Pérez?

2. Buenas tardes, ... señor Vergara.

3. Le presento a .... señora Martínez.

4. –¿Cómo está, ... señor González?
   –Muy bien, gracias.

5. Buenos días, ¿la oficina de .... señorita Alicia?

6. ¿Cómo está, ... señorita Rodríguez?

7. ¿Está .... señor García?

8. Buenos días, ¿.......... señora López?

9. Buenas tardes, soy .... señor Gutiérrez.

10. ¿.......... señor Hernández?

5 **¿Tú o usted? Observa estos dibujos y escribe un pequeño diálogo para cada uno.** 你还是您？请观察下列图画，写出相应的小对话。

a) _____
_____
_____

_____
_____
_____
_____

b)

c)

_____
_____
_____

6 **Completa cada pregunta con una de estas palabras.** 请用下列单词补全问题。

cuáles

qué

cuántos

cuál

dónde

cómo .

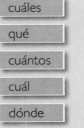

1. ¿.................. estás?

2. ¿A .... te dedicas?

3. ¿.................. años tiene Cristina?

4. ¿De .... son tus amigos?

5. ¿ .... es tu número de teléfono?

6. ¿En .... calle vives?

7. ¿.................. son los teléfonos de los bomberos?

8. ¿.................. se llama tu compañero?

9. ¿.................. es tu código postal?

10. ¿.................. años tienen tus compañeros?

7 **Relaciona estas respuestas con las preguntas anteriores.** 请将回答与上一题的问题对应起来。

a. Soy médico.

b. Muy bien, gracias.

c. Jesús tiene 26 años y Beatriz 23.

d. Tiene 13 años.

e. Eric Smith.

f. Alfonso es de México y José Luis de Argentina.

g. En la calle Ernesto Sábato, n.º 26.

h. El 28089.

i. El 098 y el 0987.

j. El 920341230.

8 **Lee. Subraya las abreviaturas y escribe debajo la palabra que corresponda:** *señor, señora, señorita, don* y *doña.* 请看下列卡片，标出其中的缩写形式并填写相应的单词：señor, señora, señorita, don, doña。

① D. Ramón
C/ Segovia, 7

② Para la
Srta. López

③ A la att. del
Sr. Hidalgo

④ Para la
Sra. Hernández

⑤ Para Dña.
Luisa

9 **Completa estos sobres. Busca la información que te falta en los anuncios.** 请根据信息栏提供的内容补齐下列信封内容。

Muebles Martínez
c/ Luis Vives, n.º 3
39789
Santander
***

Hotel Béjar
Avd. Los Escolapios, s/n
2313 La Habana
***

Cocinas Ramón
P.º La Farola, n.º 3
28012 Madrid
***

Cocinas Pedro
Avd. Escolapios, n.º 1
C. P. 08076
Barcelona
***

Cocinas Ramón
P.º Huertas, n.º 2
08023 Barcelona
***

Muebles Martínez
c/ Luis Vives, 27
1602
Buenos Aires
***

Muebles Martínez
c/ ....,
n.º ....
C. P. 1602
....

Cocinas Ramón
P.º ...., n.º 3
C. P. ....
Madrid

....
Avd. Los Escolapios, s/n
C. P. ....
La Habana

10 **Lee las notas y escribe las preguntas a las siguientes respuestas.** 请看下列内容并根据回答进行提问。

Electricista
00-1689876

Taller
01-1419875

Restaurante
089-1876549

Hospital
07-1356815

1. _____ El 00-1689876.
2. _____ El 91-1567893.
3. _____ El 07-1356815.
4. _____ El 01-1419875.
5. _____ El 112.

Información
010

Bomberos
112

Museo
91-1567893

Policía
092

11 **Hay dos conversaciones telefónicas mezcladas. Ordena las oraciones de cada una de ellas.** 两通对话内容被混在了一起，请把它们整理出来。

▶ ¿Diga?

▶ No, llamo luego.

▶ Sí, soy yo.

▶ ¡Ah! ¿Tardará mucho?

▶ Hola, ¿está Luisa?

▶ ¿Diga?

▶ Buenas tardes, ¿está el señor Fernández?

▶ No, no está en este momento.

▶ Hola, Luisa, ¿qué tal?

▶ No, ¿quiere dejarle algún recado?

_____ _____
_____ _____
_____ _____
_____ _____
_____ _____
_____ _____

12 **¿Cuál de las conversaciones anteriores es más formal? Señala los elementos formales que contiene.** 上一题的两组对话中，哪一组更加正式？请指出其中的正式语句。

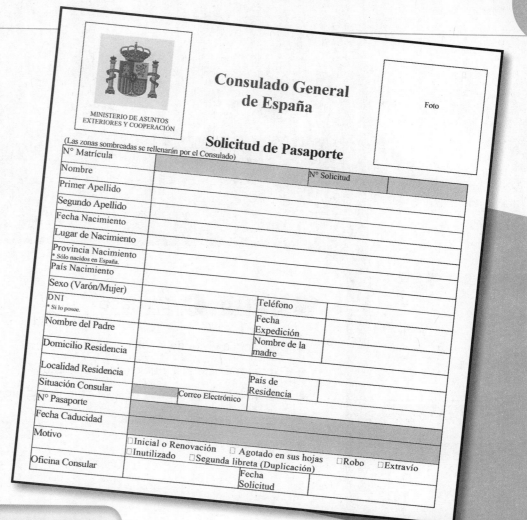

13 ¡Mi pasaporte! Cumplimenta el documento para solicitar un nuevo pasaporte. 我的护照！请填表申请一本新护照。

Consulado General de España

MINISTERIO DE ASUNTOS EXTERIORES Y COOPERACIÓN

Solicitud de Pasaporte

Foto

(Las zonas sombreadas se rellenarán por el Consulado)

N° Matrícula		
Nombre		N° Solicitud
Primer Apellido		
Segundo Apellido		
Fecha Nacimiento		
Lugar de Nacimiento		
Provincia Nacimiento * Sólo nacidos en España.		
País Nacimiento		
Sexo (Varón/Mujer)		
DNI * Si lo posee.	Teléfono	
Nombre del Padre	Fecha Expedición	
Domicilio Residencia	Nombre de la madre	
Localidad Residencia		
Situación Consular	País de Residencia	
N° Pasaporte	Correo Electrónico	
Fecha Caducidad		
Motivo	☐Inicial o Renovación ☐ Agotado en sus hojas ☐Robo ☐Extravío ☐Inutilizado ☐Segunda libreta (Duplicación)	
Oficina Consular	Fecha Solicitud	

14 Completa con las vocales (a, e, i, o, u) que faltan. 请用元音字母填空。

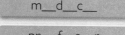

s __cr __t __r __ __ __

__st __d __ __ __ nt __

m __d __c __

pr __ __ f __s __r

__nf __rm __r __

15 Busca las palabras del ejercicio anterior en esta sopa de letras. 请在下列表格中找出上一题的单词。

M	E	D	I	C	O	J	E	R	A
R	A	H	C	A	H	I	S	E	Z
A	P	Ñ	T	S	F	A	T	A	A
Q	R	E	Y	E	O	N	U	A	E
A	O	F	I	C	Z	A	D	R	N
N	F	U	G	R	A	Z	I	E	F
Q	E	B	B	E	L	O	A	Y	E
P	S	V	R	T	V	N	N	T	R
O	O	T	O	A	U	J	T	R	M
A	R	X	R	R	L	Ñ	E	A	E
E	N	F	E	I	M	R	R	I	R
Q	P	T	A	O	D	F	H	J	A

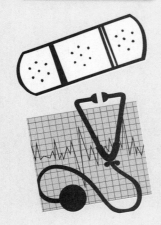

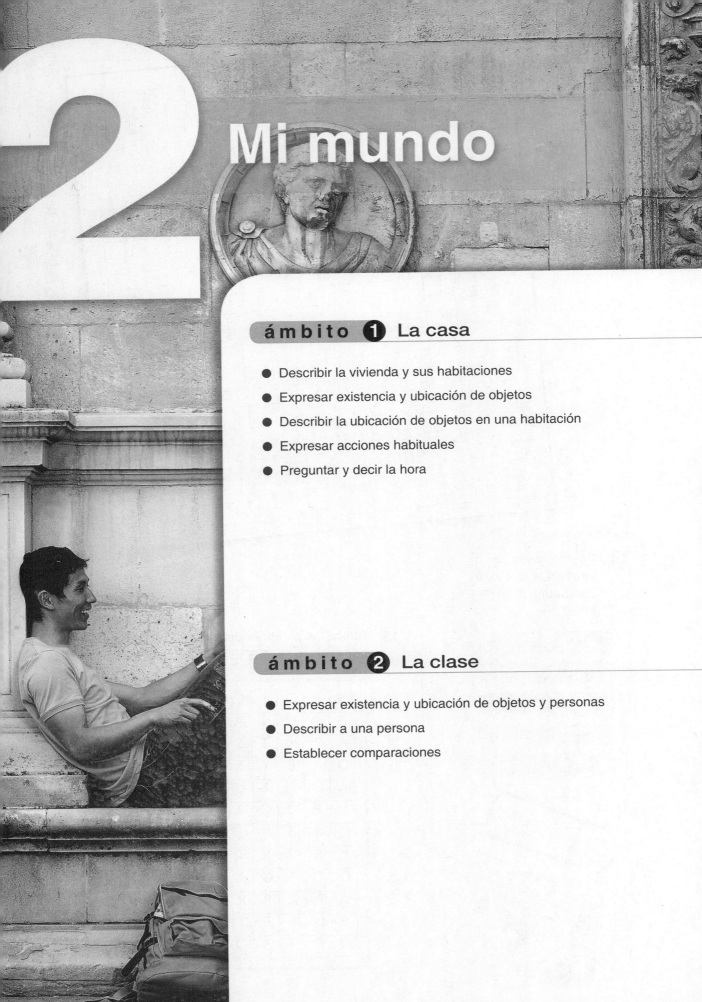

2

Mi mundo

ámbito ① La casa

- Describir la vivienda y sus habitaciones
- Expresar existencia y ubicación de objetos
- Describir la ubicación de objetos en una habitación
- Expresar acciones habituales
- Preguntar y decir la hora

ámbito ② La clase

- Expresar existencia y ubicación de objetos y personas
- Describir a una persona
- Establecer comparaciones

1 **Busca en la sopa de letras el nombre de objetos y mobiliario del hogar.** 请在下列表格中找出家中物品和家具的名称。

C	O	R	T	I	N	A	S	E
L	A	V	A	D	O	R	A	S
A	R	M	A	R	I	O	O	T
F	H	U	I	J	K	B	T	A
V	L	O	P	N	U	V	A	N
B	A	Ñ	E	R	A	E	O	T
N	I	H	E	J	U	Y	J	E
T	L	I	C	A	M	A	E	R
A	L	Y	T	O	D	N	P	I
N	A	I	A	L	D	E	S	A
A	T	O	A	L	L	A	E	V

2 **Completa el nombre de estos términos añadiendo las vocales.** 请补齐下列词汇中缺少的元音字母。

1. c__ __dr__
2. fr__g__d__r__
3. l__mp__r__
4. h__rn__
5. g__r__j__
6. m__s__ll__

7. __lf__mbr__
8. t__n__d__r
9. j__rr__
10. c__f__t__r__
11. d__ch__
12. j__b__n

3 **Escribe el plural de estas palabras (cuando sea necesario) y completa con _un_, _una_, _unos_ y _unas_.** 请写出下列单词的复数形式（如果有必要）并填写冠词un, una, unos和unas。

- ____ puerta _____
- ____ cortinas _____
- ____ silla _____
- ____ alfombras _____
- ____ teléfono _____
- ____ televisión _____
- ____ cuadro _____
- ____ armario _____

- ____ espejos _____
- ____ sillón _____
- ____ ducha _____
- ____ lavabo _____
- ____ cama _____
- ____ fregadero _____
- ____ frigorífico _____
- ____ habitación _____

4 **Completa con _el / la, los / las, un / una, unos / unas_.** 请用el / la, los / las, un / una, unos / unas填空。

1. En .... cocina hay .... fregadero.
2. Hay .... tazas en .... armarios.
3. .... botellas están en la nevera.
4. .... alumnos están en la clase.
5. ¿Hay .... cucharas aquí?
6. .... cama está en .... habitación.
7. Hay .... lámpara en .... salón.
8. .... coche está en .... garaje.

9. Hay .... cafetería en .... estación.
10. .... cuadro está en .... pared.
11. ¿Están aquí .... profesores?
12. Allí hay .... cabina de teléfono.
13. .... ordenadores están en .... aula de informática.
14. ¿Hay .... carpetas ahí?

5 **Transforma las oraciones del ejercicio anterior en negativas.** 请将上一题中的句子变为否定句。

I. *En la cocina no hay ningún fregadero.*

2. _____

3. _____

4. _____

5. _____

6. _____

7. _____

8. _____

9. _____

10. _____

11. _____

12. _____

13. _____

14. _____

6 **Escribe la pregunta, según corresponda.** 请根据给出的句子提问。

I. El cuarto de baño está al final del pasillo.

_____

2. En mi dormitorio hay una cama, una mesa y un ordenador.

_____

3. Hay veinte alumnos en el curso de alemán.

_____

4. Mi apartamento es pequeño, nuevo y moderno.

_____

5. Los vasos están en el armario.

_____

6. No, no tenemos ascensor.

_____

7. Mi piso tiene tres habitaciones y un salón.

_____

8. No, la universidad está muy cerca del casco antiguo.

_____

9. El alquiler cuesta 600 euros al mes.

_____

10. Mis amigos viven en un chalé al lado del mar.

_____

7 Escribe cada palabra en la columna correspondiente. 请将单词填入对应的栏中。

- ▶ bonito
- ▶ grande
- ▶ armario
- ▶ cocina
- ▶ salón
- ▶ terraza
- ▶ piso
- ▶ pequeño
- ▶ exterior
- ▶ precioso
- ▶ garaje
- ▶ ascensor
- ▶ caro

- ▶ barato
- ▶ interior
- ▶ feo
- ▶ jardín
- ▶ antiguo
- ▶ habitación
- ▶ moderno
- ▶ bañera
- ▶ teléfono
- ▶ cortinas
- ▶ viejo
- ▶ nuevo

SUSTANTIVOS	ADJETIVOS

8 Elige cinco sustantivos y cinco adjetivos y construye oraciones con cada uno de ellos. 请从上一题的单词中选择五个名词和五个形容词造句。

1. _____
2. _____
3. _____
4. _____
5. _____

1. _____
2. _____
3. _____
4. _____
5. _____

9 Describe tu casa actual. 请描述你现在住的房子。

10 Este es el plano de tu casa y quieres venderla. Escribe un anuncio en una página web. 这是你想出售的房子的平面图，请为此写一个网页广告。

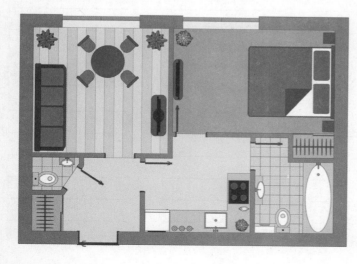

La casa tiene...

11 **Lee estos titulares. Completa con *cuántos / cuántas* y contesta las preguntas.** 请阅读下列
题目并用cuántos / cuántas提问。

ESTHER GARCÍA, UNA NIÑA ESPAÑOLA DE CINCO AÑOS, YA SABE LEER EN ESPAÑOL, GALLEGO, CATALÁN Y EUSKERA

A OCHO ESTUDIANTES EXTRANJEROS LES TOCA EL GORDO DE NAVIDAD

35 NUEVAS PÁGINAS WEB SOBRE VIVIENDAS

1. ¿.......... jóvenes trabajan en Toro's?
2. ¿.......... personas mueren en el accidente de Bogotá?
3. ¿.......... hombres resultan heridos en el accidente de Bogotá?
4. ¿.......... lenguas habla Esther García?
5. ¿A .... estudiantes extranjeros les toca el gordo de Navidad?
6. ¿A .... personas detienen por el atraco al banco?
7. ¿.......... páginas web nuevas hay?
8. ¿.......... mujeres mueren en el accidente?

DETENIDAS OCHO PERSONAS POR EL ATRACO A UN BANCO

DOS JÓVENES JAPONESES TRABAJAN EN EL FAMOSO BAR DE COPAS TORO'S

ACCIDENTE EN BOGOTÁ. DOS MUJERES DE 30 Y 32 AÑOS MUEREN Y UN HOMBRE DE 60 AÑOS RESULTA HERIDO

12 **Conjuga los siguientes verbos en presente.** 请写出下列动词的陈
述式现在时的变位。

COMER	CENAR	DESAYUNAR

ESCRIBIR	BEBER	LEER

13 **Transforma los infinitivos en formas de presente.** 请
将下列原形动词变为适当的陈述式现在时。

1. Juan .... (levantarse) a las 8:30 todos los días.
2. Normalmente Pablo .... (ducharse) muy tarde los
   fines de semana.
3. Tú .... (ducharse) todos los días por la mañana.
4. Nosotros .... (ponerse) los pantalones vaqueros.
5. Yo .... (llamarse) Rubén.
6. ¿Cómo .... (apellidarse) Ramón?
7. ¿A qué hora .... (levantarse, tú) normalmente?
8. ¿A qué hora .... (irse) Juan al trabajo?
9. Yo .... (lavarse) los dientes por la mañana y por la noche.
10. Pedro .... (apellidarse) Martínez.

14 **Escribe qué haces un día normal.**
请写出你一天中要做的事情。

 15 **Escucha y marca las horas.** 请听录
音并标出听到的时间。

2:35

7:50   12:45

4:40   8:10

5:05   9:25

1:20   5:55

16 **Escribe las horas que marcan estos
relojes.** 请写出下列钟表表示的时间。

1. *Son las diez y cuarto.*
2. _____
3. _____
4. _____
5. _____
6. _____

1 **Fíjate en los dibujos y resuelve el crucigrama.**
看图完成填字题。

P

2 **Escribe nombres de objetos de la casa, adjetivos de descripción, objetos de la clase y lenguas.** 请写出家居用品、描述性形容词、课堂用品和语言名称。

Objetos de la casa

Adjetivos de descripción

Objetos de la clase

Lenguas

3 **Escribe debajo de cada dibujo la preposición o adverbio correspondiente. Después, búscalos en la sopa de letras junto con otros dos.** 请在每张图片下面写出对应的介词或副词并在表格中找到它们，连同其他两个介词或副词一起找出来。

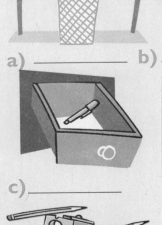

a) _____   b) _____

c) _____

H	D	E	T	R	A	S
E	E	E	T	F	A	I
N	L	O	N	J	U	T
F	A	F	G	T	D	A
R	N	J	V	L	R	M
E	T	V	A	H	T	O
N	E	N	T	R	E	Ñ
T	G	E	T	J	I	N
E	D	E	B	A	J	O

d) _____

4 **Completa con *el / la, los / las, un / una, unos / unas*.** 请用
el / la, los / las, un / una, unos / unas填空。

1. En .... clase hay .... pizarra.
2. Hay .... cuaderno encima de .... mesa.
3. .... alumnos están en .... biblioteca.
4. .... papelera está al lado de .... puerta.
5. ¿Dónde están .... mapas de España?
6. Hay .... bolígrafo debajo de .... silla.
7. Aquí hay .... lápiz.
8. .... bolígrafos están allí.
9. .... ordenador está encima de .... mesa.
10. ¿Está .... profesora detrás de .... alumnos?

5 **Completa con *está, están* y *hay*.** 请用está, están, hay填空。

1. Los alumnos .... en la clase.
2. .... un cuaderno al lado del diccionario.
3. ¿Qué .... en la clase?
4. La mochila .... debajo de la mesa.
5. ¿Dónde .... mi libro?
6. Las tizas .... al lado de la pizarra.
7. ¿ .... una ventana en la clase?
8. El borrador .... ahí.
9. No .... tizas para escribir en la pizarra.
10. Aquí .... los diccionarios.
11. Debajo de la silla .... una goma.
12. Allí .... la profesora.

6 **Forma oraciones con un elemento de cada columna.** 请从每栏中选择一个成分造句。

▶ ¿Hay	▶ los libros	▶ encima de la mesa?
▶ ¿Están	▶ tizas	▶ en la clase?
▶ ¿Está	▶ mi mochila	▶ aquí?
	▶ los alumnos	▶ debajo de la mesa?
	▶ un bolígrafo	▶ al lado de la puerta?
	▶ mi carpeta	▶ allí?
	▶ un ordenador	▶ ahí?
	▶ mi diccionario	

7 **Observa el siguiente dibujo y responde las preguntas.** 请看图并回答问题。

1. ¿Hay televisión? _____
2. ¿Dónde está el ejecutivo? _____
3. ¿Dónde están los zapatos? _____
4. ¿Cuántas gafas hay? _____
5. ¿La estantería está enfrente de la cama? _____
6. ¿Está la alfombra al lado de la mesilla? _____
7. ¿Dónde está el ordenador? _____

8 **Lee y completa con los verbos *ser*, *tener* o *llevar*.**
请阅读并用动词ser, tener或llevar填空。

1. .... viejo y bastante gordo. .... el pelo corto. ....
bajo y feo. .... bigote y .... gafas.
2. .... el pelo rubio. .... joven, alta y muy guapa. ....
sombrero.
3. .... moreno. .... el pelo corto. .... muy guapo.
.... gafas. .... alto y gordito.

9 **Estos son los amigos de Rebeca. Completa el texto y, después, escribe el nombre junto a cada uno.**
这些是Rebeca的朋友。请补齐短文并写出图片中每个人的名字。

Estos son mis amigos. Ana estudia arquitectura.
(1) .... baja y morena. (2) .... gafas. Juan es el
novio de Ana. Estudia Derecho. Es moreno y alto. (3)
.... el pelo rizado y los ojos negros. El hermano de
Juan se llama Eduardo. (4) .... alto y moreno. Tiene
el (5) .... corto y lleva bigote. Isabel (6) .... muy
guapa. Es rubia. Tiene el pelo muy largo y liso. (7)
.... sombrero. Andrés es mi novio, no es muy alto
y (8) .... un poco gordo. Tiene barba. Raquel es mi
mejor amiga. Es morena y alta. (9) .... el pelo corto
y liso. Es bastante gorda. Yo soy rubia y delgada. Tengo
el (10) .... corto y rizado y llevo gafas.

10 **Describe a estos personajes famosos y lee una de las descripciones a tus compañeros.**
请描写这几位知名人士并读给你的同学听。

ANGELINA JOLIE

ROBERT DE NIRO

ELTON JOHN

JENNIFER LÓPEZ

11 **Escribe los adjetivos en el lugar que corresponda.** 请在相应位置填写形容词。

1. El contrario de *viejo*.
2. El contrario de *gordo*.
3. El contrario de *bajo*.
4. El contrario de *corto*.
5. El contrario de *moreno*.
6. El contrario de *feo*.

1	J	O	V	E	N		
2							
3							
4							
5							
6							

12 Observa los diferentes tipos de coches y, a partir de ellos, describe el carácter de los posibles conductores. 请观察这几种不同类型的汽车，并据此描述司机的特点。

13 Escribe *c, q* o *z* en este texto. 请用辅音字母c, q或z填空。

La _asa _ue tiene _arolina está en el _as_o viejo de la _iudad. Es pe_ueña, pero muy a_ogedora. Está en una _ona muy tran_uila, _er_a de un par_ue. _arolina vive en la _alle _ifuentes. Es una _alle muy _omer_ial. Hay un supermer_ado, una farma_ia, un _uios_o, una ofi_ina de _orreos y muchas más _osas. También, _er_a de su _asa hay una pla_a muy famosa.

3. Mi vida

ámbito ❶ Un día normal

- Expresar la actividad profesional
- Expresar relaciones familiares y hablar de los miembros de la familia
- Expresar acciones habituales
- Expresar la frecuencia con que hacemos las cosas

ámbito ❷ Un día de fiesta

- Expresar acciones habituales
- Expresar la frecuencia con que hacemos las cosas
- Hablar de actos sociales

1 Escribe el femenino de las siguientes profesiones. 请写出下列职业的阴性形式。

Quiero ser...

1. médico _____
2. mecánico _____
3. secretario _____
4. bombero _____
5. cantante _____
6. peluquero _____
7. enfermero _____
8. arquitecto _____
9. periodista _____
10. futbolista _____

2 Relaciona las profesiones con los lugares de trabajo. 请将下列职业和工作场所连接起来。

1. enfermera	hospital
2. futbolista	oficina
3. secretaria	bar
4. camarero	casa
5. mecánico	comisaría
6. dependiente	taller
7. ama de casa	periódico
8. peluquero	colegio
9. periodista	supermercado
10. policía	campo de fútbol
11. profesor	peluquería

3 Completa con *un / una*. 请用un / una填空。

1. _____ hospital
2. _____ oficina
3. _____ colegio
4. _____ peluquería
5. _____ supermercado
6. _____ autobús
7. _____ comisaría
8. _____ ciudad
9. _____ bar
10. _____ taller

4 👥 **En parejas. Pregunta a tu compañero y completa el cuadro.**
两人一组，向同学提问并将表格补充完整。

ALUMNO A

1. Pregunta a tu compañero. 请向同学提问。

   Ej.: *¿Qué hace Ana?*

   ¿Dónde trabaja Juan?

2. Ahora, contesta a sus preguntas.
   现在，回答同学的问题。

	PROFESIÓN	LUGAR DE TRABAJO
Ana		colegio
Juan	médico	
Antonio		restaurante

ALUMNO B

1. Ahora contesta a sus preguntas.
   现在，回答同学的问题。

2. Pregunta a tu compañero. 请向同学提问。

   Ej.: *¿Dónde trabaja Ana?*

   ¿Qué hace Juan?

	PROFESIÓN	LUGAR DE TRABAJO
Ana	profesora	
Juan		hospital
Antonio	cocinero	

5 **Observa este árbol familiar.** 请观察下列家庭关系谱。

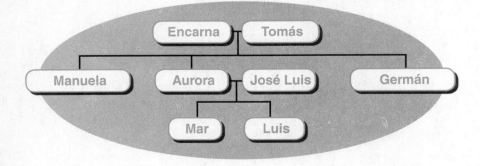

5.1 Busca en esta sopa de letras ocho palabras relacionadas con la familia. 请在表格中找出八个与家庭有关的单词。

P	A	D	R	E	H	J	E	R	A
R	A	H	C	A	I	T	O	E	Z
A	P	Ñ	T	E	J	A	T	I	A
Q	R	E	Y	V	O	N	Ñ	A	D
A	I	F	H	N	Z	A	I	R	O
N	A	D	G	H	A	Z	N	E	S
Q	A	B	U	E	L	O	E	Y	O
A	X	V	R	R	V	N	U	T	B
O	B	T	O	M	U	J	E	R	R
A	C	X	R	A	L	Ñ	S	A	I
E	D	C	Q	N	T	U	I	O	N
Q	P	T	A	O	D	F	H	J	A

5.2 Escribe las palabras encontradas en el lugar correspondiente. Para ello, fíjate en el árbol familiar anterior. 请用找到的单词填空，注意参照家庭关系谱。

1. José Luis es el _____ de Mar y Luis.

2. Germán es el _____ de Encarna y Tomás.

3. Manuela es la _____ de Mar y Luis.

4. El _____ de Aurora y Manuela es Germán.

5. Encarna es la _____ de Tomás.

6. Mar es la _____ de Encarna.

7. Los _____ de Mar y Luis se llaman Tomás y Encarna.

8. Mar es la _____ de Germán.

5.3 Escribe las palabras del ejercicio anterior en la columna correspondiente. 请将上面练习中的单词填到对应的栏中。

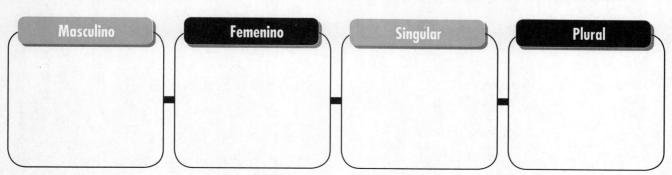

Masculino	Femenino	Singular	Plural

6 **Completa los minidiálogos con estas expresiones.** 请用给出的句子将小对话补充完整。

✔ ¿Tienes hermanos?

✔ ¿Quién es este?

✔ No, estoy casada.

✔ ¿Tus padres están divorciados?

✔ Es periodista.

✔ No, no tengo.

✔ Tiene 24 años.

1. **A:** ¿Cuántos años tiene tu novio?

  B: _____

2. **A:** _____

  B: Sí, dos hermanas y un hermano.

3. **A:** ¿A qué se dedica tu padre?

  B: _____

4. **A:** _____

  B: Es mi novio.

5. **A:** ¿Estás soltera?

  B: _____

6. **A:** ¿Tienes hijos?

  B: _____

7. **A:** _____

  B: No, mi madre es viuda.

7 **Dibuja tu árbol familiar y explícaselo a un compañero.** 请画出你的家庭关系谱并讲给同学听。

8 **Completa cada pregunta con una de estas palabras.** 请用下列单词填空。

quién	cómo
qué	quiénes
cuántos	dónde

1.¿ _____ hijos tenéis?

2.¿A _____ se dedica tu padre?

3.¿ _____ se llama tu hermano?

4.¿ _____ es este?

5.¿ _____ son estos?

6.¿ _____ trabaja tu madre?

7.¿ _____ años tiene tu abuela?

8.¿A _____ te dedicas?

9 **Relaciona estas respuestas con las preguntas anteriores.** 请将下列回答和上一题的问题对应起来。

a. Tiene setenta años.

b. No tenemos hijos.

c. Es médico.

d. Este es mi tío Juan.

e. Se llama José Luis.

f. Soy estudiante.

g. Trabaja en un colegio. Es profesora.

h. Estos son mis amigos.

10 **Adivina adivinanza. Relaciona las columnas.** 猜猜看，将两栏内容对应起来。

1. El hijo de mi hermano es
2. La hermana de mi padre es
3. La madre de mi madre es
4. Mi hermano no está casado,
5. La hija de mi madre es
6. El hijo del hermano de mi padre es

✔ mi hermana.
✔ mi primo.
✔ mi sobrino.
✔ mi abuela.
✔ está soltero.
✔ mi tía.

11 **Transforma el infinitivo en la forma verbal adecuada.** 请将原形动词变为适当的动词时态。

1. Ella, los martes y los jueves, _____ (trabajar) en un supermercado.
2. Yo _____ (beber) agua después de las comidas.
3. Su hermana _____ (andar) 2 kilómetros todos los días.
4. Mi perro _____ (comer) carne, pero no _____ (comer) pescado.
5. Ellos _____ (vivir) en la sierra de Madrid.
6. Nosotros _____ (lavar) la ropa dos veces a la semana.
7. Ella _____ (comprar) el periódico todos los días.
8. Vosotros _____ (hablar) francés e inglés.
9. Ella _____ (escribir) poesías.
10. Tú _____ (cantar) jotas en la ducha.

12 **Transforma el infinitivo en la forma verbal adecuada.** 将原形动词变为适当的动词时态。

1. Él _____ (decir) su nombre correctamente.
2. Tú _____ (soñar) con fantasmas.
3. Los niños y yo nos _____ (dormir) muy pronto todos los días.
4. Yo _____ (preferir) el invierno, pero ella _____ (preferir) el verano.
5. Ella _____ (acostarse) a las diez.
6. Este avión _____ (volar) muy bajo.
7. Juan _____ (mentir) mucho. Es un mentiroso.
8. Tu padre y tú _____ (empezar) a trabajar muy pronto.
9. Este niño no _____ (sentarse) en la silla, es muy nervioso.
10. María _____ (vestir) muy bien.

13 Completa las formas verbales. 请填写动词变位。

ir	voy	vas	va	vamos	vais	van
entrar						
hacer						
dormir						
levantarse						
poner						

14 Completa con la forma correcta. 请用动词的正确形式填空。

Los señores Martínez _____ (ir) al cine los domingos. Todos los días _____ (trabajar) ocho horas. _____ (comer) en un restaurante, pero _____ (cenar) en casa. Después, _____ (ver) la televisión o _____ (escuchar) la radio. A las doce _____ (acostarse). _____ (levantarse) temprano.

15 Escribe cuándo realiza Carmen estas actividades: ¿por la mañana, por la tarde o por la noche? 请写出 Carmen完成下列活动的时间，是上午、下午还是晚上。

Ej.: *9.30 se levanta* *por la mañana.*
Carmen se levanta a las nueve y media por la mañana.

1. 16.45 monta en bicicleta _____
2. 13.22 lee el periódico _____
3. 18.05 ve la televisión _____
4. 14.30 come _____
5. 23.30 va de copas _____

16 Completa con la forma verbal correcta. 请用动词的正确形式填空。

Los Rodríguez _____ (levantarse) a las ocho y media, _____ (ducharse) en diez minutos; después, _____ (desayunar).
Los Rodríguez _____ (trabajar) juntos en una empresa de coches. _____ (entrar) al trabajo a las nueve y media. A las doce y cuarto descansan, _____ (beber) un refresco y se _____ (comer) un bocadillo. A la una menos cuarto continúan con su trabajo hasta las tres y media. Van a su casa, allí _____ (hacer) la comida y _____ (comer) a las cuatro. Duermen la siesta hasta las cinco y diez.

Juntos _____ (comprar) en un supermercado todo lo necesario para la comida del día siguiente. Después _____ (ir) a ver una película al cine.
A las diez y veinte regresan a su casa, _____ (cenar) y _____ (sentarse) a ver la televisión; les gustan los programas de concurso.
Por la noche _____ (leer) un libro o _____ (escuchar) la radio antes de dormir. _____ (acostarse) a las doce y media, pero antes _____ (fregar) los platos y _____ (lavar) la ropa.

17 Mira las fotos y escribe la frecuencia con que realizas estas actividades. 请看图片并写出你进行这些活动的频率。

Ej.: *Siempre me lavo las manos antes de comer.*

Siempre	Normalmente	A menudo	A veces	Nunca

18 Busca siete lugares de trabajo en esta sopa de letras. 请在下列字母表中找出七个有关工作场所的单词。

A	G	S	U	P	E	R	M	E	R	C	A	D	O
J	K	F	S	E	Y	B	J	L	Ñ	O	P	W	S
S	T	F	B	B	V	N	M	M	J	L	P	Q	F
U	A	P	R	F	F	T	X	R	J	E	W	W	H
I	L	O	T	B	Y	F	C	Y	Y	G	E	E	G
H	L	I	G	H	A	H	V	T	T	I	R	R	Ñ
O	E	U	O	I	K	R	B	U	H	O	Y	Y	P
S	R	Y	S	J	L	J	N	P	J	W	Y	Y	I
P	G	T	E	T	Ñ	O	F	I	C	I	N	A	P
I	F	R	I	W	P	K	M	A	O	L	I	I	P
T	D	C	O	M	I	S	A	R	I	A	O	O	O
A	S	E	U	Z	O	L	Ñ	S	P	Ñ	P	P	L
L	A	W	G	S	A	Ñ	P	Z	Ñ	P	Ñ	Ñ	L
A	S	D	F	H	G	J	K	L	Ñ	M	B	B	V

19 Completa las siguientes oraciones y haz el crucigrama. 请补齐句子并完成连字题。

1. Elena trabaja en un taller; es _____
2. Jacinto trabaja en un hospital; es _____
3. Rosa trabaja en un supermercado; es _____
4. Juan trabaja en una comisaría; es _____
5. Pedro trabaja en una oficina; es _____
6. Antonio trabaja en un colegio; es _____

33

1 **Escribe correctamente los meses del año.** 请正确地拼写出月份名称。

1. amoy _____
2. broutce _____
3. lbira _____
4. zroam _____
5. mdbericie _____
6. imebronev _____

7. lioju _____
8. brerfeo _____
9. niujo _____
10. roene _____
11. sogato _____
12. tepimberse _____

2 **Sustituye el infinitivo por la forma verbal correcta.** 请用动词的恰当形式填空。

Los carnavales _____ (ser) muy divertidos, sobre todo en la zona de Los Próceres. Aquellas lindas carrozas de colores _____ (venir) por la avenida Sucre y _____ (terminar) aquí, en La Silsa. Las carrozas _____ (desfilar) por toda la ciudad de Caracas. Muchas personas _____ (disfrazarse) de personajes famosos: supermán, arlequín, cocineros, etc., y se _____ (elegir) a la reina del carnaval. La fiesta _____ (estar) por todas las calles, en cada plaza _____ (haber) una verbena. Por ser un día festivo, la gente _____ (comer) fuera de casa.

Todos los caraqueños _____ (divertirse) hasta el amanecer.

3 **Esta es la agenda de Laura. Ordena las páginas y escribe las cosas que hace normalmente todos los meses a la misma hora.** 这是Laura的日程表。请按照顺序整理好，写出她每个月在同一时间都要做的事情。

Ej.: *Laura nunca cena sola. A menudo, cena a las 21.15.*

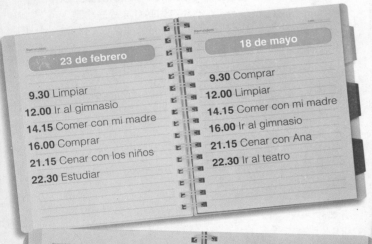

23 de febrero
9.30 Limpiar
12.00 Ir al gimnasio
14.15 Comer con mi madre
16.00 Comprar
21.15 Cenar con los niños
22.30 Estudiar

18 de mayo
9.30 Comprar
12.00 Limpiar
14.15 Comer con mi madre
16.00 Ir al gimnasio
21.15 Cenar con Ana
22.30 Ir al teatro

5 de marzo
9.30 Ir al dentista
12.00 Comprar
14.15 Comer con mi madre
16.00 Dormir la siesta
21.15 Cenar con Pili
22.30 Hacer la comida

26 de junio
9.30 Ir al colegio de los niños
12.00 Limpiar
14.15 Comer con mi madre
16.00 Tomar café con Andrés
21.15 Cenar con Toño
22.30 Ir al cine

8 de enero
9.30 Ir al dentista
12.00 Estudiar
14.15 Comer con mi madre
16.00 Dormir la siesta
21.15 Ir al cine
22.30 Cenar con Andrés

24 de abril
9.30 Ir al gimnasio
12.00 Comprar regalo de Toño
14.15 Comer con mi madre
16.00 Dormir la siesta
21.15 Comprar
22.30 Cenar con Pili

4 **Forma oraciones según el ejemplo. 请根据例句造句。**

Ej.: *A Pepe yo le regalo un paraguas.*

_____

_____

_____

_____

_____

_____

_____

5 **Completa con *me, te, le, nos, os, les*. 请用me, te, le, nos, os, les填空。**

1. Mi abuelo _____ (a nosotros) compra golosinas los fines de semana.
2. _____ (a él) regalamos todos los años un disco.
3. Cuando vamos a su casa _____ (a ellos) llevamos una tortilla.
4. _____ (a vosotros) explicamos la gramática del español.
5. Siempre _____ (a ti) digo lo mismo.
6. No _____ (a mí) escuchas cuando hablo.
7. Mis padres _____ (a nosotros) quieren mucho.
8. Todos los días _____ (a mi jefe) entrego las cartas para que las firme.
9. Normalmente en Navidad _____ (a mis amigos) regalamos una botella de cava.
10. _____ (a ti) pintamos la casa todos los años.

6 **Fíjate en el cuadro y relaciona las columnas, según el ejemplo. 请看下列表格并根据例句造句。**

Ej.: *Pedro es estudiante. Estudia en la facultad. Suele ir a la facultad en metro.*

Nombres y profesiones	Lugar de trabajo	Situaciones
Ana (directora)	empresa	vive cerca del colegio
Pedro (estudiante)	banco	viaja mucho / le gusta el avión
Andrés (banquero)	colegio	viaja mucho / odia el avión
Carlos (fontanero)	casas	*no tiene coche*
Carmen (profesora)	*facultad*	es muy deportista
Raúl (profesor de gimnasia)	colegio	no le gusta el metro

6.1 Ahora haz lo mismo con tus datos personales.
现在请根据个人情况完成该题。

7 **Forma oraciones con el verbo *soler*. 请用动词soler造句。**

Ej.: *Suelo ir al cine los miércoles por la tarde.*

✔ ir al cine
✔ fumar
✔ hacer la compra
✔ leer
✔ limpiar la casa
✔ ir de copas

✔ hacer deporte
✔ ir al gimnasio
✔ visitar a mis abuelos
✔ viajar al extranjero
✔ hablar con mis amigos

8 **Escribe con qué frecuencia haces estas cosas.** 请写出你做下列事情的频率。

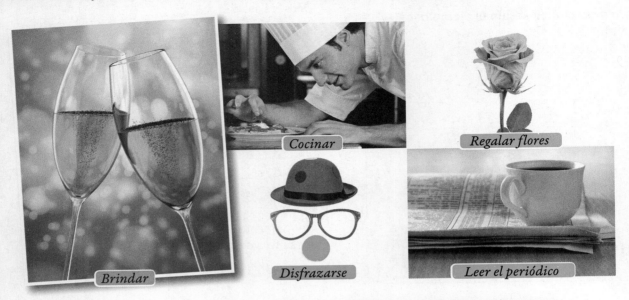

Cocinar

Regalar flores

Brindar

Disfrazarse

Leer el periódico

9 **Cuenta qué haces tú el día de Navidad; para ello, utiliza los adverbios de frecuencia.**
请说出你在圣诞节的时候做什么，注意使用表示频率的副词。

10 **Señala si tú sueles o no hacer estas cosas.**
请指出你是否经常做下列事情。

	SÍ	NO
Suelo acostarme pronto los sábados por la noche.		
Suelo estudiar español cuatro horas todos los días.		
Suelo hablar en inglés en clase de español.		
Suelo leer el periódico todos los días.		
Suelo ver la televisión todos los días.		
Suelo cenar en un restaurante chino los sábados.		
Suelo levantarme pronto los domingos.		
Suelo hacer mis deberes todos los días.		

10.1 Escribe las respuestas sin el verbo *soler*. Utiliza *normalmente, generalmente, a menudo, con frecuencia*. 请使用normalmente, generalmente, a menudo, con frecuencia替换soler重新回答问题。

Ej.: *Yo normalmente me acuesto pronto los sábados por la noche.*

1. _____
2. _____
3. _____
4. _____
5. _____
6. _____
7. _____

APP **11** **Escucha y marca la palabra que oyes.** 请听录音并标出听到的单词。

1 a. para
b. parra

2 a. tara
b. tarro

3 a. caro
b. raro

4 a. corro
b. carro

5 a. vara
b. barra

6 a. gorro
b. poro

7 a. grana
b. plana

8 a. pero
b. perro

9 a. tierra
b. piedra

12 **Escribe *r* o *rr*.** 请用r或rr填空。

1. ___atón
2. sub___ayar
3. ba___o
4. ___ápido
5. is___aelí
6. pe___o
7. pue___o
8. ___egla
9. en___edar
10. co___er
11. ___epetir
12. ___eír

APP **13** **Numera por orden de audición.**
请听录音并给单词排序。

nana	mamá	mano	nado
☐	☐	☐	☐

APP **14** **Escucha y marca las palabras que oyes.**
请听录音并标出听到的单词。

campo, canto, cambio, también, tango, tengo, tampoco, ambos, pongo, bando

15 **Lee este fragmento de la canción *Una rosa es una rosa*, de Mecano, y completa las palabras que faltan.** 请阅读Mecano的歌曲Una rosa es una rosa的片段，补齐缺少的单词。

Quise _____ la _____
más tierna del _____,
pensando que de amor
no me podría pinchar,
y _____ me pinchaba
me enseñó una cosa
que una rosa es una rosa…

rosal *coger*

mientras *flor*

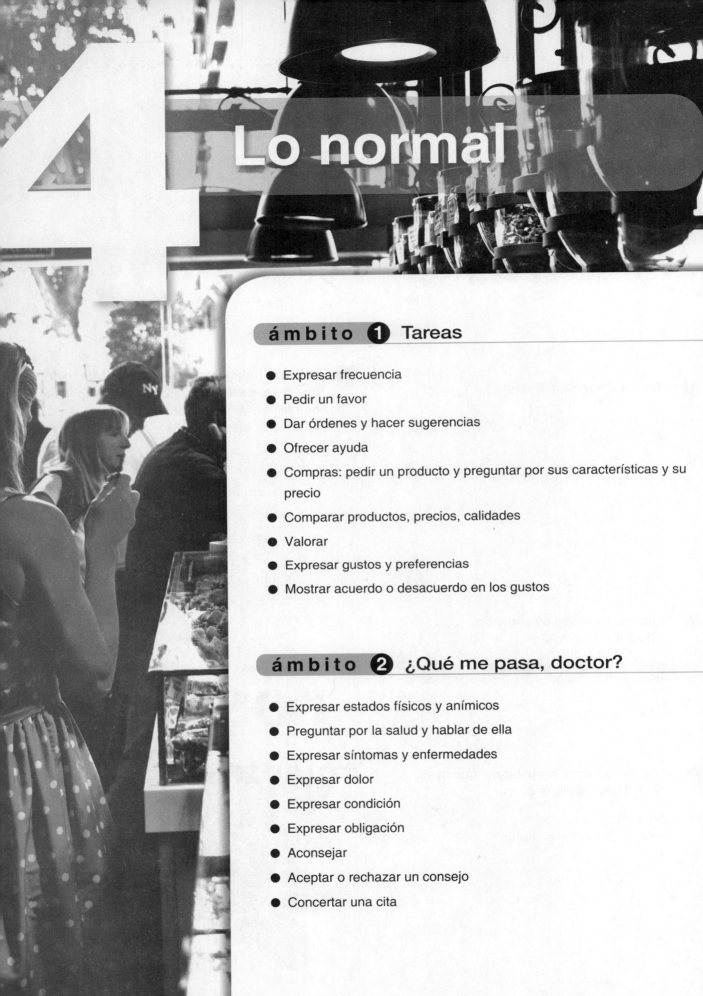

Lo normal

4

ámbito ❶ Tareas

- Expresar frecuencia
- Pedir un favor
- Dar órdenes y hacer sugerencias
- Ofrecer ayuda
- Compras: pedir un producto y preguntar por sus características y su precio
- Comparar productos, precios, calidades
- Valorar
- Expresar gustos y preferencias
- Mostrar acuerdo o desacuerdo en los gustos

ámbito ❷ ¿Qué me pasa, doctor?

- Expresar estados físicos y anímicos
- Preguntar por la salud y hablar de ella
- Expresar síntomas y enfermedades
- Expresar dolor
- Expresar condición
- Expresar obligación
- Aconsejar
- Aceptar o rechazar un consejo
- Concertar una cita

1 **Relaciona las tareas con estos utensilios y aparatos.** 请将下列活动与对应的用具和器具连接起来。

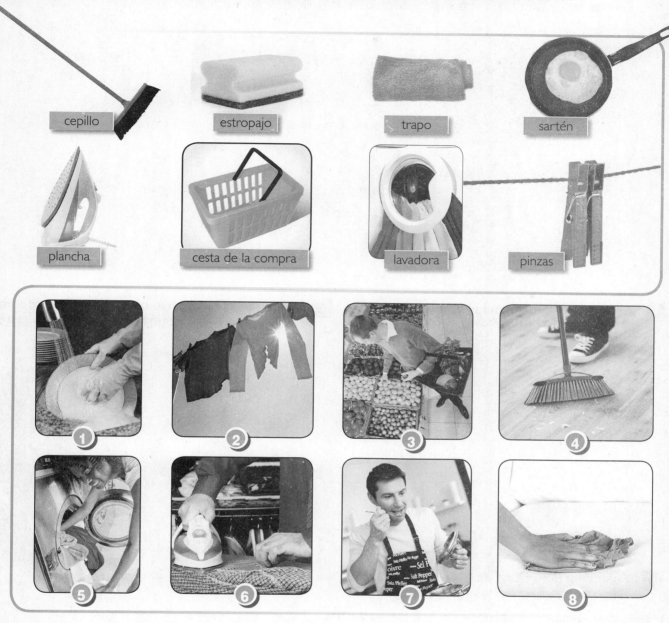

cepillo

estropajo

trapo

sartén

plancha

cesta de la compra

lavadora

pinzas

2 **Relaciona las palabras con su definición.** 请将下列单词与对应的释义连接起来。

✔ fregona	Instrumento que sirve para fregar el suelo.
✔ cepillo	Aparato eléctrico que sirve para planchar la ropa.
✔ trapo	Dispositivo donde se cuelga la ropa después de lavarla.
✔ pinza	Objeto de madera o plástico que sirve para sujetar la ropa en el tendedero.
✔ tendedero	Recipiente para cocinar con aceite.
✔ sartén	Instrumento para barrer el suelo.
✔ plancha	Tela que utilizamos para limpiar el polvo de los muebles de madera.
✔ estropajo	Trozo de fibra vegetal o sintética que se suele usar para limpiar con agua y jabón los platos.

3 **Escribe las preguntas a estas respuestas.** 请针对下列回答进行提问。

_____ 1. Limpio los cristales tres veces al año.

_____ 2. No, no salgo con mis amigos los domingos por la mañana.

_____ 3. Los domingos suelo ir al Rastro.

_____ 4. Después de ducharme me seco el pelo.

_____ 5. Mis padres viajan todos los fines de semana.

_____ 6. Porque me gusta viajar al sur.

_____ 7. No cocino nunca; no sé.

_____ 8. Me gusta planchar, limpiar el polvo y hacer la compra.

_____ 9. Después de cenar, lavo los platos.

_____ 10. Sí, todos los días corro una hora por el parque.

4 **Escribe el infinitivo en imperativo.** 请写出下列原形动词的命令式。

1. (Terminar) _____ los deberes.

2. (Fregar) _____ los platos.

3. (Hacer) _____ la cama.

4. (Bajar) _____ la basura.

5. (Sacar) _____ al perro.

6. (Poner) _____ la mesa.

7. (Planchar) _____ la ropa.

8. (Preguntar) _____ al profesor.

9. (Escribir) _____ una redacción.

10. (Leer) _____ el texto.

5 **Sustituye el sustantivo marcado por el pronombre correspondiente.** 请用相应的代词替换横线标注的名词成分。

1. Quiero el bolso de piel. ⟶ _Lo quiero._

2. Odio el chocolate.

3. Bebo café.

4. Veo la televisión.

5. Pon la radio.

6. Abre la puerta.

7. Haz la cama.

8. Leemos las noticias.

9. Escuchan música.

10. Comes la fruta.

6 **Relaciona los verbos de la columna A con los sustantivos de la columna B.** 请将A栏中的动词与B栏中的名词对应起来。

Limpiar
Hacer
Abrir
Cerrar
Bajar
Sacar
Poner
Pedir

A

Al perro
La puerta
La basura
La cama
La ventana
Los cristales
El n.° de teléfono de Juan
La lavadora

B

6.1 Construye oraciones con los verbos y sustantivos anteriores, según el ejemplo, y contesta las preguntas. 仿照例句，用上一题的动词和名词造句，回答问题。

Ej.: _¿Limpio los cristales? Sí, límpialos._

7 **Escucha y señala el número que oyes.** 请听录音并指出听到的数字。

1. 532 000 000
2. 4 030 000
3. 128 000
4. 235 000

5. 53 200 000
6. 14 300 000
7. 128 000 000
8. 325 000

8 **Escribe los siguientes números.** 请写出下列数字的西班牙语。

2000 _____

87 956 _____

5436 _____

345 _____

2346 _____

2 348 765 _____

9 **Mira los alimentos e inclúyelos en cada una de las tiendas donde se pueden comprar.** 请看下列食品图片，把它们划分到能够买到的商店中。

1. En una frutería, puedo comprar _____

2. En una pescadería, puedo comprar _____

3. En una carnicería, puedo comprar _____

4. En una panadería, puedo comprar _____

5. En una tienda de ultramarinos, puedo comprar _____

6. En un hipermercado, puedo comprar _____

10 **Adivina adivinanza. Relaciona cada columna.** 猜猜看。连线题。

- ✔ azúcar
- ✔ leche
- ✔ pan
- ✔ aceite de oliva
- ✔ tomates
- ✔ atún
- ✔ zumo
- ✔ queso
- ✔ huevos
- ✔ harina
- ✔ patatas
- ✔ vino
- ✔ arroz

una lata de
una botella de
un paquete de
un litro de
una barra de
un trozo de
un kilo de
una docena de

11 **Mira los precios de la pescadería. ¿Qué pescado o marisco es el más caro? ¿Y el más barato?** 请看下列海产品的价格。哪种鱼或贝类海鲜最贵？哪种最便宜？

Mejillones 4,8 €
Almejas 14,42 €
Calamares 7,21 €
Boquerones 4,51 €
Gambas 7,21 €
Merluza 18,03 €

12 **Completa con *muy* y con *mucho / mucha / muchos / muchas*.**
请用muy和mucho / mucha / muchos / muchas填空。

1. Me gustan _____ las gambas en la paella.
2. Esta tortilla está _____ caliente.
3. Tiene _____ sal este cocido.
4. Hay _____ tomates en la nevera.
5. Esta merluza está _____ fresca.
6. ¡Humm! Está _____ bueno.
7. Hay _____ almejas en esta sopa, a mí no me gustan _____
8. Los plátanos están _____ maduros.
9. Las galletas están _____ duras.
10. Me gustan _____ las ensaladas de tomate.

13 **Completa con *gusta* o *gustan* estas oraciones.** 请用gusta或gustan将句子补充完整。

1. A Nuria y a mí nos .... ver la televisión.
2. A nosotros nos .... los trajes oscuros.
3. A José le .... las casas pequeñas.
4. A Pedro y a Cristina les .... Sevilla.
5. A Laura le .... comer la carne poco hecha.
6. A vosotros os .... la camisa de cuadros.
7. A mí me .... las películas de aventuras.
8. A ti te .... ese chico.
9. A mi hermana y a mi madre les .... los sofás rojos.
10. A los turistas les .... la comida española.

14 **Ahora, niega las oraciones del ejercicio anterior.** 现在，请将上一题的
句子变为否定式。

Ej.: *1.A Nuria y a mí no nos gusta ver la televisión.*

2. _____
3. _____
4. _____
5. _____
6. _____
7. _____
8. _____
9. _____
10. _____

15 **Completa con los pronombres *me*, *te* y *le*.** 请用me, te和le填空。

1. A mí _____ gustan las películas de miedo.
2. A Juan _____ gusta esquiar en los Pirineos.
3. ¿A ti _____ gusta la comida italiana?
4. A mí no _____ gusta la verdura, pero _____ gusta la fruta.
5. A Alicia _____ gusta vestirse con la ropa de su madre.
6. A ti no _____ gusta la sopa de marisco.
7. A Pedro no _____ gusta comprar cigarrillos.

16 **Completa con los pronombres *nos*, *os* y *les*.**
请用人称代词nos, os和les填空。

1. A nosotros _____ gustan los perros grandes.
2. A mi hermano y a mí _____ gusta la ropa de Francia.
3. A ti y a Óscar _____ gustan los gatos negros.
4. A Mariola y a Esperanza no _____ gusta comer legumbres.
5. A vosotros _____ gustan los zapatos blancos.
6. A ellos _____ gusta ir de compras al centro comercial.
7. A Noemí y a Jesús _____ gustan los jerséis de rombos.

17 **Completa con los pronombres *me*, *te*, *le*, *nos*, *os* y *les*.** 请用人称代词me,
te, le, nos, os和les填空。

1. A mi madre y a mí _____ gustan las películas de amor.
2. A Ana y a John _____ encanta viajar por Europa.
3. ¿A ti _____ gustan las hamburguesas?
4. A ti y a mi padre _____ gustan las ensaladas de arroz.
5. A mí _____ gustan los zapatos azules.
6. A Silvia _____ gusta comprar en el hipermercado.
7. A nosotros _____ gustan los programas de televisión.
8. A vosotros no _____ gusta cenar pasta.
9. A José Manuel _____ encanta comer en casa de su madre.
10. A Antonio _____ gustan mucho los muebles.

18 Ahora, escribe cinco cosas que les encanta hacer a tus amigos y cinco que odian. 现在，请写出五件你的朋友们喜欢做的事情以及五件他们讨厌做的事情。

Les encanta

_____

_____

_____

_____

_____

Odian

_____

_____

_____

_____

_____

19 Observa las fotografías y escribe un diálogo utilizando estos comentarios.
请观察下列图片，用给出的句子写一段对话。

✔ Me encantan los edificios modernos y altos.

✔ Odio las ciudades modernas.

✔ Odio las ciudades con coches.

✔ Me encantan las ciudades grandes.

✔ Odio la Torre Eiffel.

✔ Me encanta el museo del Louvre.

20 ¿Tienes los mismos gustos? Escribe si estás de acuerdo o no con ellos. 你有同样的喜好吗？请写出你是否同意下列说法。

	Acuerdo	Desacuerdo
1. A mi padre y a mí nos gusta la comida china.	*A mí también.*	
2. A mi abuelo le encanta leer.		
3. A mí no me gusta el pollo.		
4. Mi hermano Óscar odia la verdura.		
5. A mi amiga Elia le encantan las botas.		
6. A mi hermana le gusta mucho ir de compras.		
7. A mi novio no le gustan las corbatas.		

APP **21** Escucha a Miguel. Está describiendo lo que mete en su mochila para el fin de semana. ¿Adónde va? 请听Miguel的录音，他正在讲述自己为周末需要往书包里装的东西。他要去哪里呢？

22 Relaciona las palabras con la imagen adecuada. 请将单词与恰当的图片对应起来。

cuadros ☐ rayas ☐
liso ☐ lunares ☐
rombos ☐ flores ☐

23 Coloca el pronombre que necesites. 请用必要的代词填空。

1. Me encantan estos pantalones. Me _____ llevo.
2. Necesito una bufanda. Me _____ llevo.
3. No me gustan esas galletas, no me _____ ponga.
4. Me gusta ese jersey de rombos, me _____ llevo.
5. Odio el pollo, no me _____ ponga.
6. Las peras están muy buenas. Me _____ llevo.

1 Escribe en la columna correspondiente los nombres de las partes del cuerpo que aparecen en la actividad 1 del Libro del Alumno. 请将《学生用书》本单元的第一题中出现的身体各部位的名称填写在下面相应的框中。

femeninos

la cabeza

masculinos

el cuello
el pie

2 **Juan está enamorado de una extraterrestre. Lee su diario y adivina quién es.** Juan爱上了一个外星人。请阅读他的日记，猜猜看他爱上的人是下列哪一个。

Querido diario:

Estoy completamente enamorado. Ella es diferente a todas las chicas que conozco, parece que no es de este mundo. Es inteligente y muy atractiva. Me vuelve loco su nariz, es perfecta. Y me encantan sus orejas. Tiene una boca preciosa, siempre sonriendo. No tiene pies, pero esto para mí no es ningún problema, la quiero igual. Solo pienso en volver a verla y que me acaricie con alguna de sus cinco manos. Querido diario, la vida es bella.

3 **Imagina que estás enamorado de otro extraterrestre. Descríbeselo a tu compañero. Él tiene que dibujarlo.** 想象你也爱上了一个外星人，请把爱上的人描述给你的同学听，请同伴画下来。

TU EXTRATERRESTRE

_____
_____
_____
_____
_____
_____
_____
_____
_____
_____
_____

EL EXTRATERRESTRE DE TU COMPAÑERO

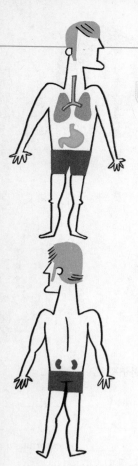

4 **Mira el dibujo y completa el texto.** 请看图片并将句子补充完整。

1. Los _____ están en el interior de las orejas.
2. Los _____ están entre el cuello y los brazos.
3. Los _____ sirven para respirar y están en el interior del pecho.
4. La _____ está en el interior del cuello.
5. La _____ está en medio del cuerpo, y es donde nos ponemos el cinturón.
6. Las _____ están a los lados del cuerpo, debajo de la cintura y encima de las piernas.
7. El _____ está en el interior del cuerpo, entre la cintura y el pecho.
8. La _____ está entre la mano y el brazo.
9. La _____ es la parte inferior de la pierna.
10. El _____ es la parte superior de la pierna.
11. La _____ está entre el muslo y la pantorrilla.
12. El _____ está en la parte de detrás del pie.
13. El _____ está entre el pie y la pierna.
14. El _____ está entre la mano y el brazo.
15. Los _____ están en el interior del cuerpo, entre la cintura y la cadera, pero por detrás.

5 **Relaciona.** 连线题。

Me duele

Me duelen

✔ la cabeza
✔ los pies
✔ los oídos
✔ el estómago
✔ la espalda
✔ los hombros

6 **Completa.** 填空题。

(a mí)	me duele	
	duele	
		la muela
(a nosotros/ a nosotras)		
	les	

(a mí)	me duelen	
	duelen	
		las muelas
(a nosotros/ a nosotras)		
	les	

7 **Escribe *tener* o *estar* en el lugar correspondiente.** 请用tener或estar填空。

1. ¡Qué hambre _____! ¿Qué hay de comida?

2. _____ muy cansado. Llevo unos días que no puedo dormir.

3. _____ mucha sed. ¿Me das un vaso de agua fría?

4. ¡Qué frío _____! Claro, aquí no hay calefacción.

5. _____ muy triste. No hay entradas para el concierto de Madonna.

6. ¡Qué contento _____! Mañana empiezo las vacaciones.

7. En tu casa siempre _____ mucho calor.

8. Mi amigo tiene clase de inglés los sábados, así que _____ muy aburrido ese día.

9. _____ muy preocupado. No sé nada de Alberto.

8 **Completa con *muy*, *mucho*, *mucha*, *muchos*, *muchas*.** 请用muy, mucho, mucha, muchos, muchas填空。

1. La comida es _____ buena.

2. Ana trabaja _____ horas al día.

3. El niño es _____ bueno.

4. Los domingos duermo _____.

5. Este coche es _____ caro.

6. Las calles son _____ estrechas.

7. Hoy estoy _____ cansado.

8. Me duele _____ el estómago.

9. Esa chica es _____ delgada.

10. Esa película me gusta _____.

9 **Completa este diálogo.** 请补齐对话。

A ¡Hola, Teresa! ¿Qué tal? ¿Cómo _____
_____?

B Regular. _____ el estómago.
Es que tomo mucho café y mucho chocolate.

A Pues el café y el chocolate son muy malos para el estómago. Toma té y fruta.

B Es que no _____.

A ¿En serio no _____?
Pues a mí _____.

10 **Relaciona cada imagen con un estado de salud.**
请将下列图片与描述健康状况的句子对应起来。

Me encuentro... / me siento... / estoy...

... bien

... regular

... mal

... fatal

APP 11 **Escucha y escribe qué le pasa a cada persona y por qué.** 请听录音并写出每个人的状态及原因。

1. _____
_____
_____

2. _____
_____
_____

3. _____
_____

4. _____
_____
_____

12 **Completa la tabla con las formas de infinitivo e imperativo (tú / usted).** 请在下面的表格中填写相应的原形动词和命令式（tú和usted）。

pasar		pase
		desabróchese
sentarse	siéntate	
		tosa
respirar hondo	respira hondo	
		abra la boca
tumbarse	túmbate	
levantar los brazos		levante los brazos

13 **Escribe esos mismos verbos pero en imperativo negativo en la columna correspondiente.** 请写出下列动词的否定命令式。

	Tú	*Usted*
no tosa	no tosas	no tosa
no se desabroche		
no levantes los brazos		
no pase		
no respires hondo		
no abra la boca		
no te desabroches		
no te sientes		
no se tumbe		
no pases		
no respire hondo		
no abras la boca		
no se siente		
no te tumbes		
no levante los brazos		

14 **¿Recuerdas qué consejos te ha dado el médico en la actividad 11 del Libro del Alumno? Escríbelos.** 还记得《学生用书》第十一题中医生给你的建议吗？请写出来。

15 **Tu compañero tiene diferentes problemas de salud. Escribe dos consejos para cada problema.**
你的同学有不同的健康问题。请为每种症状写出两个建议。

ALUMNO A

✔ Tengo insomnio.
_____
_____
_____

✔ Tengo dolor de riñones.
_____
_____
_____

✔ Estoy agotado/a.
_____
_____
_____

ALUMNO B

✔ Tengo granos.
_____
_____
_____

✔ Tengo tos.
_____
_____
_____

✔ Tengo estrés.
_____
_____
_____

16 **Lee este texto y contesta las preguntas.**
请阅读短文并回答问题。

> Ha llegado el mal tiempo, y con él llegan los resfriados. Te quedas afónico. Aquí tienes un remedio casero muy sencillo que te será muy útil para acabar con tus problemas. Toma, a cucharaditas, una mezcla compuesta de una clara de huevo batida a punto de nieve, el zumo de un limón y una cucharada de miel. Los resultados son sorprendentes.

a) ¿Para qué sirve este remedio casero?

b) ¿Cuántos ingredientes tiene este remedio?

c) ¿Necesitas azúcar para prepararlo?

17 **¿Conoces tú algún remedio para estas enfermedades? Escríbelo.** 你知道下列病症的治疗方法吗？请写出来。

▶ gripe _____

▶ catarro _____

▶ dolor de espalda _____

▶ mareos _____

18 **Escribe qué tienes que hacer para estar más sano.** 请写出为了保持身体健康应该做的事情。

No tengo que fumar.
_____
_____
_____
_____
_____

19 **Mira las siguientes fotografías. Di si prefieres la playa o la montaña.** 请看下列图片，说出你更喜欢海滩还是山川。

19.1 Estos son algunos objetos que son necesarios para ir a la playa o a la montaña. 这些是去海滩或登山的必需用品。

- bañador
- gafas de sol
- jersey
- camiseta
- chubasquero
- toalla
- botas
- pantalón corto
- bronceador
- zapatillas

- gorra
- cazadora
- calcetines
- cámara de fotos
- biquini
- sombrilla
- gorro
- mochila
- pantalón largo
- cantimplora

19.2 Elige uno de esos lugares y escribe qué hay que llevar para ir a ese sitio. 请选择一个地方，写出去此地需要携带的物品。

Ej.: *Para ir a la playa hay que llevar gafas de sol...*

(APP) 20 **Escucha y completa este diálogo.** 请听录音并补齐对话。

A: Consulta del doctor García, buenos días.

B: Hola, buenos días _____ para esta tarde.

A: Un momento, por favor. Para esta tarde es imposible, está todo completo. ¿Puede venir mañana?

B: Sí, muy bien.

A: ¿A qué hora _____?

B: Pues por la mañana, _____, sobre las nueve, más o menos.

A: ¿A las nueve y media?

B: Muy bien, a esa hora _____.

A: Bueno, entonces, mañana a las nueve y media, ¿de acuerdo?

B: De acuerdo. Gracias, hasta mañana.

A: Adiós.

(APP) 21 **Ahora llamas a la consulta del doctor González para pedir cita. Contesta a la recepcionista.** 请给González医生的诊所打电话预约，回答接听人的问题。

22 **Te has comprado estas cosas y no puedes pagar en efectivo. Rellena este cheque.** 你购买了下列物品，但是无法用现金支付，请填写这张支票。

- ✓ mochila (18,63 €)
- ✓ bañador (27,65 €)
- ✓ gafas (31,25 €)
- ✓ pantalón (16,83 €)

CODIGO CUENTA CLIENTE (C.C.C.)
ENTIDAD | OFICINA | D.C. | NUM. DE CUENTA

EUR. €

Páguese por este cheque a
Euros

Madrid, de de

(La fecha debe consignarse en letra)

SERIE A 1.500.039 4200 - 0

5

Nos divertimos

ámbito ❶ ¡Nos vamos de vacaciones!

- Expresar gustos personales
- Describir una población (su clima y su geografía)
- Expresar planes y proyectos
- Hablar del tiempo atmosférico
- Preguntar por la ubicación de lugares públicos
- Indicar direcciones
- Expresar obligación y necesidad

ámbito ❷ Me gustan la música, el cine...

- Expresar diferentes grados de gustos personales
- Hablar de acciones en desarrollo
- Pedir la consumición en un restaurante

1 **Lee este texto sobre los albergues.** 请阅读这篇关于住所的短文。

En España, cuando vamos de vacaciones, podemos dormir en varios sitios: hotel, campin, apartamento o albergue. Todos ellos son privados excepto el albergue. El albergue es un sitio para dormir que es del Estado, y por eso tiene precios mucho más baratos. En todas las ciudades de España en donde se puede tener contacto cercano con la naturaleza hay un albergue. Normalmente necesitas un carné de alberguista, que puedes conseguir en cualquier oficina municipal de turismo. También tienes que llamar antes para reservar habitación, ya que son lugares donde va mucha gente y a veces es difícil encontrar sitio. En estos lugares, además de dormir, se pueden practicar muchos deportes, como alpinismo, senderismo o montañismo, y rafting o natación si están junto a un río. Son lugares donde estás muy cerca de la naturaleza y de gente muy divertida.

1.1 **Indica verdadero o falso.** 判断正误。

1. El albergue es un sitio privado muy barato.
2. En lugares donde se tiene contacto con la naturaleza hay albergues.
3. Para dormir en un albergue necesitas un carné.
4. El carné se consigue en las agencias de viaje.
5. Normalmente, no hay mucha gente.
6. Se pueden practicar diferentes deportes.

2 **Señala la palabra intrusa.** 请标出每组中不同类的单词。

1 taxi, autobús, tren, avión   **2** azafata, conductor, capitán, paracaidista

3 **Relaciona.** 连线题。

avión	raíl
barco	carril
tren	mar
autobús	carretera
bicicleta	aire

4 **Alojamiento en un hotel. ¿Cuáles de estos servicios son necesarios para ti en un hotel?** 宾馆中的设施。对你来说，下列哪些设施在宾馆中是必需的?

- aparcamiento
- cuarto de baño en la habitación
- servicio de habitaciones
- aire acondicionado

- cama de matrimonio
- calefacción
- televisión
- minibar

5 **Completa con tus cinco actividades favoritas.** 请用五件你喜欢做的事情将句子补充完整。

Ej.: *Mañana voy a comprarme un disco de jazz.*

1. La próxima semana _____
2. El mes que viene _____
3. Mañana _____
4. El sábado próximo _____
5. El verano que viene _____

6 **Escribe *ser* o *estar*.**
请用ser或estar填空。

Querida Laura:
Esta ciudad _____ muy bonita. _____ en el centro de España y _____ muy famosa por sus murallas. _____ muy cerca de Madrid y de Salamanca. _____ muy pequeña y tranquila. Tiene muchas iglesias y monumentos porque _____ muy antigua. La gente _____ muy amable. El único problema _____ que casi siempre hace frío.

7 **Completa las oraciones con *muy*, *mucho(s)* o *poco(s)*.**
请用muy, mucho(s), poco(s)填空。

1. En Andalucía hace _____ calor.
2. En casi toda España hace _____ buen tiempo.
3. En el sur de España nieva _____ , normalmente hace _____ calor.
4. En Inglaterra llueve _____ .
5. En Suecia hay _____ días de sol.
6. En Rusia hace _____ frío.
7. En Madrid en verano hace _____ calor.
8. En Chicago hace _____ viento.
9. En Marruecos llueve _____ y no hace _____ mal tiempo.
10. En Londres hay _____ niebla.

8 **Mira estas fotografías. Elige una y descríbela.**
请看下列图片，选择其中的一幅进行描述。

a)

9 **Escribe un correo electrónico a tu amiga contándole cómo es tu ciudad.** 请给你的女性朋友写一封电子邮件来描述你所在的城市。

10 **Escribe el término correspondiente para estas definiciones.**
请根据释义填写对应的词汇。

1. Elevación del terreno _____ñ __
2. Gran extensión de tierra __o _____
3. Corriente de agua que llega al mar r _____
4. Zona llana y elevada _____a
5. Zona sin vegetación ni agua d _____
6. Parte de tierra rodeada de agua por todos lados i _____

11 Mira el plano. Lee las instrucciones y escribe el nombre del lugar. 请看平面图，阅读说明并写出对应的地点名称。

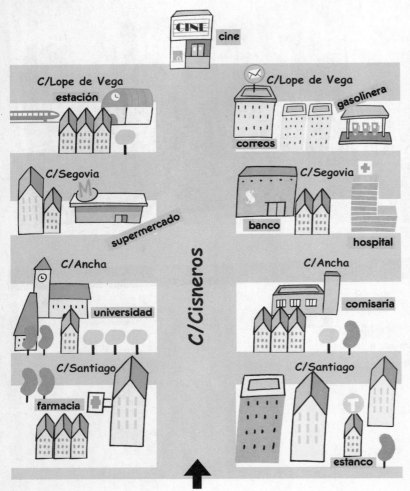

Estás aquí

1. Sigue todo recto y gira la primera a la izquierda. Allí hay una
_____

2. Sigue todo recto y toma la segunda calle a la derecha. La _____ está enfrente del hospital.

3. Sigue todo recto y al final de la calle Cisneros está el _____.

4. Sigue todo recto y toma la tercera calle a la izquierda. Allí en la esquina hay un _____.

5. Sigue todo recto y al final de la calle Cisneros gira a la derecha. La _____ está al lado de Correos.

12 Mira el plano anterior y da instrucciones a tu compañero para ir a estos lugares. 请根据上一题中的平面图，向你的同学说明如何去这些地方。

¿Dónde hay / está ....?

1. LA ESTACIÓN
_____
_____
_____

2. LA UNIVERSIDAD
_____
_____
_____

3. UN ESTANCO
_____
_____
_____

4. EL BANCO CENTRAL
_____
_____
_____

13 **Completa las oraciones con las palabras y estas expresiones que te damos.** 请用给出的单词和词组补全句子。

- ✔ gracias
- ✔ ¿la calle Segovia?
- ✔ gira a la izquierda
- ✔ cine
- ✔ perdona
- ✔ por aquí

- ✔ está
- ✔ está lejos
- ✔ al final de la calle
- ✔ sigue todo recto
- ✔ hay
- ✔ cerca

- ✔ oye
- ✔ a unos cinco minutos
- ✔ perdone
- ✔ el Banco Central
- ✔ enfrente del

1. _____ , ¿hay un _____ por aquí?
   Sí, _____
   _____ .
2. ¿_____ el hospital?
   No, _____ andando.
3. Por favor, ¿_____ ?
   _____ y _____ .
4. Oiga, _____, ¿dónde _____ la oficina de Correos?
5. _____, perdona, ¿el _____ está _____ ?
   Sí, _____ Ayuntamiento.
6. ¿_____ una cafetería _____ de la universidad?
   No, no la hay.

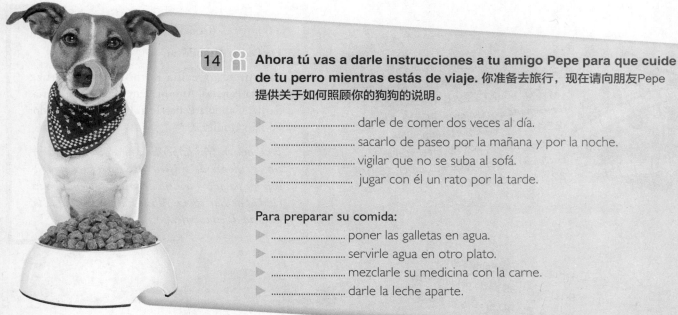

14 **Ahora tú vas a darle instrucciones a tu amigo Pepe para que cuide de tu perro mientras estás de viaje.** 你准备去旅行，现在请向朋友Pepe提供关于如何照顾你的狗狗的说明。

▶ .... darle de comer dos veces al día.
▶ .... sacarlo de paseo por la mañana y por la noche.
▶ .... vigilar que no se suba al sofá.
▶ .... jugar con él un rato por la tarde.

Para preparar su comida:

▶ .... poner las galletas en agua.
▶ .... servirle agua en otro plato.
▶ .... mezclarle su medicina con la carne.
▶ .... darle la leche aparte.

15 **Busca la frase incorrecta.**
请找出错误的句子。

Vamos

- ✔ a clase
- ✔ al museo
- ✔ a la mesa
- ✔ a la cocina
- ✔ a la plaza
- ✔ al cuaderno
- ✔ a la ventana

1 **En mi tiempo libre me gusta... y no me gusta...** 业余时间，我喜欢/不喜欢……

	ME GUSTA	NO ME GUSTA
1. Las películas de ciencia-ficción		
2. Los museos de ciencia		
3. Las exposiciones de arte		
4. La música clásica		
5. La música pop		
6. El teatro moderno		
7. Las películas románticas		

2 **Aquí tienes una cartelera de cine. Lee y señala las películas españolas.** 下面是一个电影广告牌，请阅读并指出哪些是西班牙电影。

3 **Señala en esta película: el argumento (historia), el título, el director y los actores.** 请指出下列电影的情节、名字、导演和演员。

CINES REINA *(C/ Bailén, 3. ☎ 910414100). Perdona si te llamo amor.* 16:00, 18:00, 22:15. V. y S., 0:30. *Los amantes pasajeros.* 16:00, 18:00, 22:15. V. y S., 0:30. *Lo imposible.* 16:00, 18:00, 22:15. *Interstellar.* V. y S. *Quiero matar a mi jefe.* 16:00, 18:00, 22:15. V. y S., 0:30.

TODO SOBRE MI MADRE

De Pedro Almodóvar

Intérpretes: Cecilia Roth, Penélope Cruz, Marisa Paredes, Antonia San Juan, Rosa María Sardá, Candela Peña, Toni Cantó y Fernando Fernán Gómez.

Una mujer, tras la pérdida de su único hijo en un accidente de tráfico, decide reencontrarse con un pasado que dejó de forma violenta en la ciudad de Barcelona. Allí se irá viendo cuál es la historia de esta mujer.

MUNDO CINE PARAÍSO *(C/ Bulevar de Pablo Prat, n.°41.* C.C. Valdebernardo. ☎ 910510999). *Los pingüinos de Madagascar.* 18.00, 20.30, 22.30. S., D. y F., 15.30, 18.00, 20.30, 22.30, V. y S., 0.30. S., 12. *Celda 211.* 20.15, 22.35. V. y S., 0.50. *Toy Story 2.* 17.30. D., 12.30. *Juego de Tronos.* 19.30, 22.30. *Ocho apellidos vascos.* 17.50, 22.15, 22.40. V. y S., 0.55. *El niño.* 18.15, 20.30, 22.45. S., D. y F., 15.30, 18.15, 20.30, 22.45. *Rastros de sándalo.* 17.30, 20.15, 22.50. D., 12.

4 Mira otra vez la cartelera de la actividad 2. ¿Sabes, por los títulos, de qué géneros son las películas? 再看一遍第二题的广告牌，你能通过电影名字知道电影的类型吗？

5 Pregunta a tu compañero y escribe las respuestas. 请向你的同学提问并写出答案。

1. ¿Te gusta el cine?
2. ¿Qué género de películas te gusta más?
3. ¿Quién es tu actor favorito?
4. ¿Y tu actriz?
5. ¿Qué película te gusta más? ¿Por qué?
6. ¿Qué película odias?
7. ¿Conoces alguna película española?
8. ¿Te gusta el cine español?
9. ¿Conoces algún actor o actriz español?
10. ¿Te gusta ir al cine?
11. ¿Te gusta ir al cine solo o con amigos?
12. ¿Te gusta ver películas en la televisión?

6 Escribe sobre tu película favorita: argumento, director y actores. 请写出你喜欢的电影的情节、导演和演员。

7 Busca el intruso en estas actividades. 请找出不同类的活动。

✔ pasear, leer, correr, viajar, caminar
✔ hacer puzzles, leer, escuchar música, corregir exámenes
✔ jugar al tenis, hacer deporte, tocar el piano, correr
✔ cine, parque, teatro, discoteca, auditorio

8 Sopa de letras. Busca seis deportes. 请在下列字母表中找出六个运动词汇。

A	B	G	F	U	T	B	O	L	K	O	R
R	T	Y	Y	U	I	P	O	T	G	H	H
F	B	A	L	O	N	C	E	S	T	O	J
V	Q	W	D	S	Z	C	T	Y	I	P	M
C	A	S	R	R	T	O	R	A	D	A	N
I	E	O	I	H	Ñ	R	L	K	J	Ñ	B
C	Y	S	U	I	O	R	R	Y	Y	U	T
L	L	Q	Q	W	R	E	T	Y	K	L	Ñ
I	A	S	D	U	F	R	G	H	Y	U	O
S	K	Ñ	P	O	I	U	T	W	R	E	Q
M	D	F	G	H	J	A	Y	R	I	P	O
O	P	Ñ	B	M	F	T	R	U	W	Q	S

9 **Completa con el pronombre adecuado.** 请填写
适当的代词。

1. (A vosotros) _____ gusta leer libros de aventuras.
2. (A él) _____ gusta ver películas de terror.
3. (A usted) _____ gustan las naranjas.
4. (A mí) _____ gustan los animales.
5. (A nosotros) _____ gusta muchísimo viajar.
6. (A ti) _____ gusta salir de paseo.
7. (A ellas) _____ gusta bailar sevillanas.

10 **Ahora vamos a hablar de tus amigos. Completa las preguntas y responde.** 现在我们要讨论你的朋友们，
请将问题补充完整并回答。

1. ¿Qué _____ gusta hacer a tu mejor amigo? _____
2. ¿Dónde _____ gusta estar a tus amigos? _____
3. ¿Cuándo _____ gusta ver la televisión? _____
4. ¿Con quién _____ gusta ir al cine? _____
5. ¿A cuál de ellos _____ gusta especialmente salir de copas contigo? _____
6. ¿A quién _____ gusta jugar a las cartas? _____

11 **Construye oraciones, según el modelo.** 请仿照例句造句。

Ej.: *Me gusta el fútbol, pero odio el baloncesto.*

1. (A él) _____
2. (A todos nosotros) _____
3. (A ti y a tus amigos) _____
4. (A tus amigos) _____
5. (A ti) _____
6. (A mí) _____

12 **Señala la contestación correcta.** 请指出正确的回答。

1. A mí no me gusta viajar en tren. ▶ A mí también / tampoco.
2. A ti te encanta comer chocolate. ▶ A él también / tampoco.
3. A nosotros nos encanta estudiar. ▶ A vosotros también / tampoco.
4. A ellos no les gusta escribir. ▶ A nosotros también / tampoco.
5. A María le gusta viajar en metro. ▶ A mí también / tampoco.
6. A usted no le gusta ir de compras. ▶ A nosotros también / tampoco.
7. Nos encanta Ricky Martin. ▶ A Sara también / tampoco.
8. Os gusta visitar a los amigos. ▶ A ella también / tampoco.

13 **El adverbio *no* y el pronombre han desaparecido. Escríbelos cuando corresponda.**
副词no和代词都消失了，请在需要的地方添加。

1. A mí _____ encanta Nacha Guevara y a ti también.

2. A él _____ gusta escuchar música clásica y a ti también.

3. A nosotros _____ gustan las gambas al ajillo y a él tampoco.

4. ¿A usted _____ gusta hacer excursiones? A mí tampoco.

5. A vosotros _____ encantan las fresas y a ellos también.

6. A ti _____ gusta salir por la noche y a mí tampoco.

7. A todos nosotros _____ gusta la idea de ir y a ti tampoco.

8. A ellos _____ encanta tomar cañas y a nosotros también.

9. A vosotros _____ gusta viajar en autobús y a Teresa tampoco.

10. A Enrique _____ gusta contar chistes y ti tampoco.

14 **Escribe el gerundio de estos verbos en el lugar que corresponda.** 请在恰当的地方填写下列动词的副动词形式。

- ✔ comer
- ✔ cenar
- ✔ escribir
- ✔ bailar
- ✔ cantar
- ✔ poner
- ✔ leer
- ✔ cocinar
- ✔ conducir
- ✔ montar
- ✔ ducharse
- ✔ vestirse
- ✔ dormir
- ✔ vivir

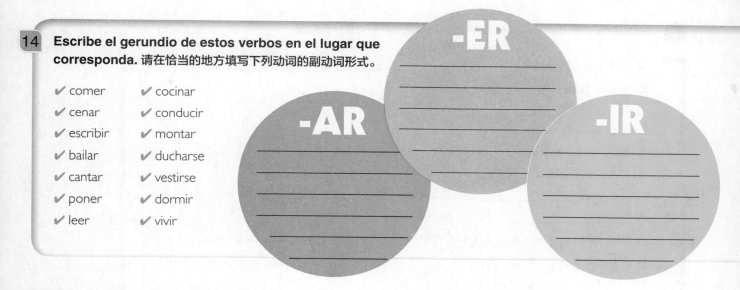

-ER

-AR

-IR

15 **Mira el siguiente dibujo y escribe qué está haciendo cada miembro de la familia.** 观察下列图片，写出每个家庭成员正在做什么。

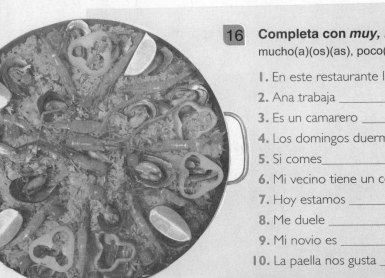

16 **Completa con *muy, mucho(a)(os)(as), poco(a)(os)(as)*.** 请用muy, mucho(a)(os)(as), poco(a)(os)(as)填空。

1. En este restaurante la comida es _____ barata.

2. Ana trabaja _____ horas al día.

3. Es un camarero _____ simpático.

4. Los domingos duermo _____.

5. Si comes_____ fruta y _____ grasa, tienes buena salud.

6. Mi vecino tiene un coche _____ caro.

7. Hoy estamos _____ cansadas.

8. Me duele _____ el estómago. Tengo _____ dolor.

9. Mi novio es _____ gracioso. Por eso tiene _____ amigos.

10. La paella nos gusta _____.

17 **Escucha y completa este diálogo.** 请听录音并将对话补充完整。

A: Hola, buenas tardes. ¿_____ de primero?

B: Buenas tardes. Pues… sopa de verduras.

A: ¿_____?

B: ¿Qué tal es la ternera?

A: Muy buena. Es nuestra especialidad.

B: Entonces ternera.

A: ¿Le gusta _____ hecha o _____ hecha?

B: _____ hecha, por favor.

A: Para beber tenemos agua, cerveza, refrescos y vino tinto. ¿Qué _____?

B: Vino tinto.

A: Muy bien. Gracias.

B: A usted.

B: ¿_____ un poco más de vino, por favor?

A: Sí, un momento.

A: ¿_____ de postre?

B: No sé. ¿Qué tienen?

A: Helado de vainilla, yogur, flan, arroz con leche y natillas.

B: _____ helado.

A: ¿_____ café?

B: Sí, uno con leche.

B: Por favor, ¿_____ la cuenta?

A: Sí, claro, aquí tiene, son 10,82 euros.

18 **Estás en un restaurante y necesitas estas cosas. Colócalas en la columna correspondiente.** 你正在一家餐馆，需要这些东西。请把它们填写在对应的栏中。

Camarero, por favor, ¿me trae un… / una…?

_____

_____

_____

_____

_____

Camarero, por favor, ¿me trae (un poco de)…?

_____

_____

_____

_____

_____

19 **Un poco después necesitas las mismas cosas otra vez.** 过了一会儿，你再次需要这些东西。

Camarero, por favor, ¿me trae otro… / otra…?

_____

_____

_____

_____

_____

Camarero, por favor, ¿me trae más… / un poco más de…?

_____

_____

_____

_____

_____

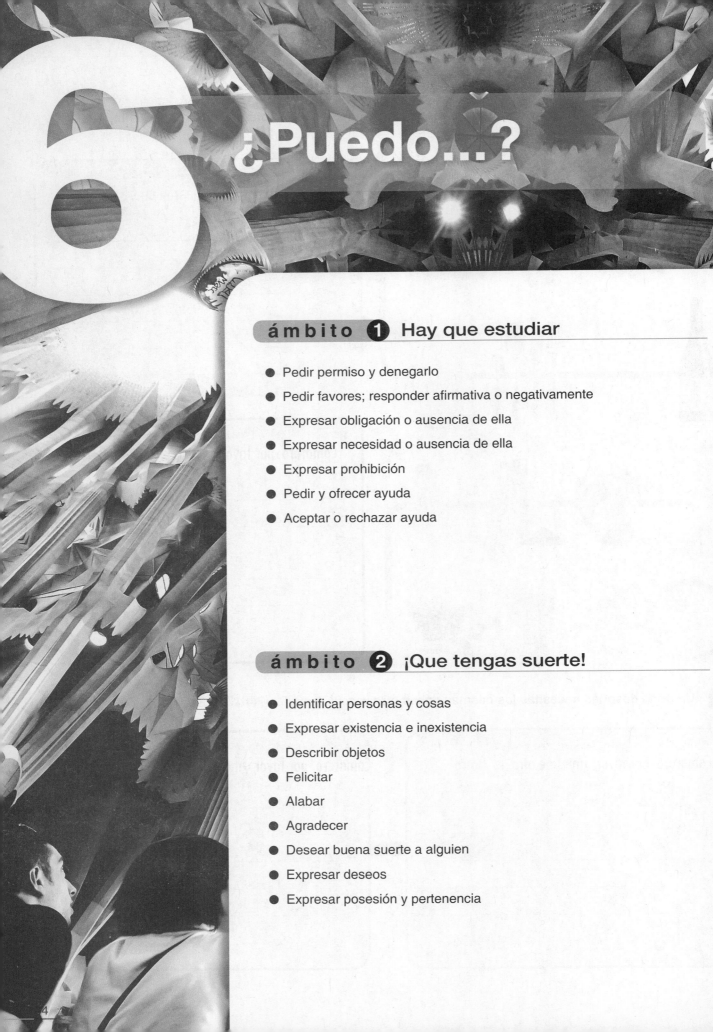

6 ¿Puedo...?

ámbito 1 Hay que estudiar

- Pedir permiso y denegarlo
- Pedir favores; responder afirmativa o negativamente
- Expresar obligación o ausencia de ella
- Expresar necesidad o ausencia de ella
- Expresar prohibición
- Pedir y ofrecer ayuda
- Aceptar o rechazar ayuda

ámbito 2 ¡Que tengas suerte!

- Identificar personas y cosas
- Expresar existencia e inexistencia
- Describir objetos
- Felicitar
- Alabar
- Agradecer
- Desear buena suerte a alguien
- Expresar deseos
- Expresar posesión y pertenencia

1 ¿Con qué lugares relacionas estos objetos?
这些物品和哪些地点有关系?

2 ¿Cómo se llama a las personas que trabajan en estos sitios? 请问如何称呼在这些地方工作的人?

3 Pide las siguientes cosas a las personas de la actividad anterior. 请向上一题中的人们索要下列东西。

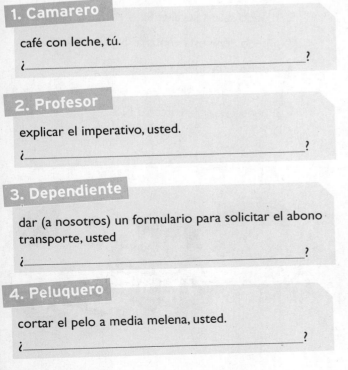

1. Camarero

café con leche, tú.

¿_____?

2. Profesor

explicar el imperativo, usted.

¿_____?

3. Dependiente

dar (a nosotros) un formulario para solicitar el abono transporte, usted

¿_____?

4. Peluquero

cortar el pelo a media melena, usted.

¿_____?

5. Cartero

certificar este paquete, yo.

¿_____?

6. Empleado de banca

cambiar dinero, nosotros.

¿_____?

7. Policía

denunciar un robo, yo.

¿_____?

8. Agente de viajes

dar catálogo de viajes, tú.

¿_____?

4 Rellena las siguientes viñetas. 请给插图配上对话。

5 Escucha los siguientes diálogos y señala. 请听录音并把对话填在相应栏中。

	permiso	favor
1		
2		
3		
4		
5		

6 Responde las siguientes preguntas. 请回答下列问题。

1. *¿Puedo leer el periódico? Sí, léelo.*

2. ¿Puedo salir a la calle? Sí, ...

3. ¿Puedo abrir esta ventana? No, ...

4. ¿Puedo encender la calefacción? Sí,
....

5. ¿Puedo cerrar la ventana? No,
....

7 Relaciona las oraciones con estas fotos. 请将句子和图片对应起来。

1. Apágala.
2. Los compro antes de comer.
3. Riégalas.
4. Ordénala.
5. No la he podido comprar.
   No la tenían en el quiosco.

8 **Sustituye las palabras subrayadas por un pronombre.** 请用代词替换横线标注的词语。

1. Pon la <u>televisión</u>.
2. Enciende la <u>luz</u>.
3. Toma los <u>libros</u>.
4. Mira el <u>periódico</u>.
5. Abre la <u>ventanilla</u>.

9 **Relaciona los elementos de las dos columnas.** 请将两栏中对应的元素连接起来。

1. ¿Puedes dejarme el libro de gramática?
2. ¿Puedo ayudarle en algo?
3. ¿Puede cerrar la puerta del ascensor?
4. ¿Puedes apagar la televisión?
5. ¿Puedo abrir la ventana?
6. ¿Puede cambiarme este billete?
7. ¿Puedes recogerme el correo?
8. ¿Puedo sentarme en la silla?
9. ¿Puedes darme fuego?
10. ¿Puedes bajar la música?

a. Lo siento, no fumo.
b. Sí, puede ayudarme. Quiero un jersey azul.
c. Sí, puedo recogértelo.
d. Sí, ahora mismo la bajo.
e. Sí, ábrala.
f. No, es que estoy viendo una película.
g. Sí, ahora la cierro.
h. No, no puedo cambiárselo.
i. Lo siento, está ocupada.
j. No, no puedo, es que tengo que estudiar.

10 **Contesta las siguientes preguntas. Si dices que no, no olvides explicar por qué.** 回答下列问题，如果答案是否定的，请解释原因。

1. ¿Puedes dejarme los apuntes de clase?
_____

2. ¿Puedes prestarme seis euros?
_____

3. ¿Puedes dejarme el coche?
_____

4. ¿Puedes acompañarme a la fiesta?
_____

5. ¿Puedes dejarme el bolígrafo?
_____

11 **Tu compañero va a ir a visitarte esta tarde a tu casa, pero no sabe tu dirección. Dale las instrucciones necesarias usando Hay que / Tienes que + infinitivo.** 今天下午你的同学要拜访你家，但是他不知道你家的地址，请使用 Hay que / Tienes que+原形动词的形式给他指路。

12 **Escucha los siguientes diálogos e indica qué tienen que hacer las personas que hablan.**
请听对话，指出对话中的人物必须要做的事情。

¿QUÉ LE PASA?	TIENE QUE...
1	
2	
3	
4	
5	

 13 **Escucha y copia.** 听写。

1. _____
2. _____
3. _____
4. _____
5. _____
6. _____
7. _____
8. _____
9. _____
10. _____

14 **Señala la sílaba fuerte de las palabras anteriores y clasifícalas.** 请标出上一题中单词的重读音节并把它们分类填写在栏中。

agudas

llanas

esdrújulas

15 **¿Qué hay que hacer y qué no hay que hacer…?** 应该做什么，不应该做什么……？

	Hay que	No hay que
para aprender bien español		
para aprobar el examen		
para hablar correctamente		
para sacar buenas notas		

16 **Fíjate en las siguientes señales e indica su significado.** 请注意下列指示牌，说出它们表示的意思。

1

2

3

4

5

6

17 **Lee las cosas que se pueden o no se pueden hacer en las escuelas españolas… ¿En tu país es igual?** 请看西班牙学校允许或不允许做的事情，在你的国家情况也一样吗？

En España…	En mi país…
No se puede beber alcohol en el recreo.	
Se puede jugar a las cartas entre una clase y otra.	
No se puede comer en clase.	
No se puede estar descalzo en clase.	
No se puede beber en clase.	
Se puede tutear a los profesores.	
Se puede salir al patio durante el recreo.	
Se puede interrumpir al profesor.	

18 Observa las fotos y escribe oraciones como en el ejemplo.
请观察图片并仿照例子造句。

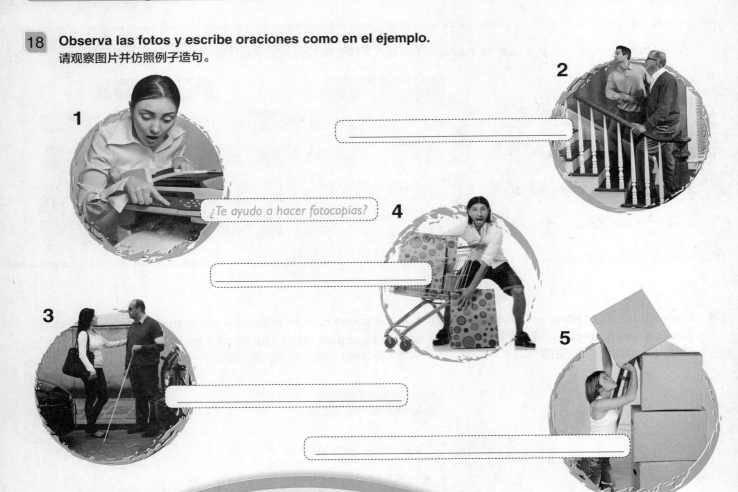

¿Te ayudo a hacer fotocopias?

19 Completa las siguientes oraciones con el pronombre correspondiente.
请用相应的代词将下列句子补充完整。

1. ¿......... ayudas a estudiar?

2. Tenemos muchas cosas que hacer; ¿......... ayudas para que terminemos antes?

3. Oye, perdona, ¿......... ayudas a bajar las maletas?

4. Chicos, ¿......... ayudáis a recoger la mesa?

5. Elena, ¿......... ayudo a hacer la comida?

6. Estás muy ocupado, ¿......... ayudo en algo?

7. Chicas, ¿......... ayudamos a preparar la fiesta?

8. Carlos, ¿......... ayudamos a Marta y a ti con las cartas?

9. ¿......... ayudo, Esther?

10. María, ¿.......... han ayudado los niños?

ámbito **2**

¡Que tengas suerte!

1 **Relaciona los siguientes dibujos con el nombre correspondiente y describe a los personajes.** 请将下列图片与名字对应起来，然后描述这些人物。

Ej.: *El de las gafas es Groucho Marx.*

a) Enrique VIII

b) Charlot

c) Marylin Monroe

d) Groucho Marx

e) El Gordo y el Flaco

f) Rita Hayworth

2 **Mira los siguientes dibujos. Elige uno, construye oraciones y descríbeselo a tu compañero. ¿Sabe él cuál es?** 请看下列图片，选择其中一幅，描述给你的同学听。他知道你说的是哪一幅吗？

1. (algún) _____

2. (alguno/a/os/as) _____

3. (ningún) _____

4. (ninguno/a/os/as) _____

5. (nada) _____

6. (nadie) _____

7. (algo) _____

8. (alguien) _____

3 **Completa las siguientes oraciones con el indefinido necesario.** 请用必要的不定代词将下列句子补充完整。

1. No tienes que decir ....: te creo.

2. No hay .... en la clase porque todos están de viaje.

3. No he conocido a .... en mi último viaje a Suecia.

4. No hay .... gasolinera en el pueblo.

5. Tienes que comprar .... para comer esta noche.

6. ¿................ vez has ido a Granada?

7. No hay .... en el frigorífico.

8. .... verbos irregulares son difíciles.

9. ¿ .... habla francés?

10. No tengo .... de dinero.

4 **Escribe lo contrario.** 写出下列句子的反义句。

1. No tengo ninguna fotografía de Estocolmo. _____

2. He visto a alguien en el portal. _____

3. A nadie le gusta ese disco. _____

4. Hay algo de bebida en la botella. _____

5. Alguien está hablando en la escalera. _____

6. Hay alguna papelera en el parque. _____

7. He comprado alguna novela de ciencia-ficción. _____

8. En mi habitación hay algún póster. _____

9. Tengo algo de dinero en el banco. _____

10. En el zoo de Madrid hay alguna jirafa. _____

5 **Escribe el nombre de estos objetos e indica para qué sirven.** 请写出这些物品的名称并指出它们的用途。

6 **Escucha y copia. Divide las palabras en sílabas.** 听写并按音节划分单词。

1. _____

2. _____

3. _____

4. _____

5. _____

6. _____

7. _____

8. _____

9. _____

10. _____

7 Escucha, escribe y señala la sílaba fuerte. 听写单词并指出重读音节。

APP

1._____   6._____
2._____   7._____
3._____   8._____
4._____   9._____
5._____   10._____

8 Completa la siguiente tabla con el presente de subjuntivo. 请用虚拟式现在时填写下列表格。

	estudiar	escribir	tener	poner	ser
yo					
tú					
él/ella/usted					
nosotros/-as					
vosotros/-as					
ellos/ellas/ustedes					

9 Relaciona los bocadillos con los personajes.
请将句子和对应的人物连接起来。

Espero que vuelvas pronto.

Quiero que me compres esta piruleta.

Deseo que me toque la lotería.

Deseo que venga bien.

1   2   3   4

10 Contesta. ¿Qué deseas, esperas y quieres de tus clases de español? 请回答问题，你对西班牙语课有哪些期望？

1. Yo espero que
_____
_____

2. Mi compañero desea que
_____
_____

3. Nosotros queremos que
_____
_____

4. Nosotros esperamos que
_____
_____

5. Mi profesor espera que
_____
_____

11 **Completa las siguientes oraciones.** 请将下列句子补充完整。

1. Nosotros esperamos que *(gustar, tú)* .... nuestro regalo.

2. Él quiere que *(cenar, yo)* .... en su casa.

3. Ella desea que *(terminar, nosotros)* .... los ejercicios pronto.

4. Nosotros deseamos que *(salir, vosotros)* .... esta noche con nosotros.

5. Yo espero que *(tener, ella)* .... mucha suerte.

6. Vosotros esperáis que el examen *(ser)* .... fácil.

7. Tú quieres que *(poner, él)* .... la mesa.

8. Yo quiero que me *(hacer, tú)* .... un jersey amarillo.

9. Ellos esperan que *(trabajar, él)* .... pronto.

10. Yo quiero que *(ser, tú)* .... feliz.

12 **Fíjate en las siguientes imágenes. ¿Qué les dirías a estas personas? Utiliza *que* + presente de subjuntivo.** 注意观察下列图片，你会对这些人说些什么？请使用que+虚拟式现在时。

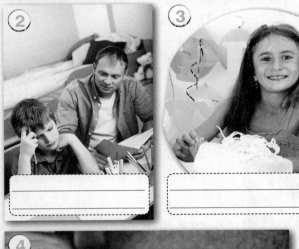

13 **Completa las siguientes tarjetas.** 请将下列卡片补充完整。

a) para tus amigos, que se van a vivir juntos.

Queridos Alberto y Sonia:

Espero que _____
_____
_____
_____
_____
_____
_____

Miles de besos

b) para un amigo que se recupera en el hospital.

Querido José:

_____
_____
_____
_____
_____

Un saludo

APP 14 Escucha y escribe lo que opinan los amigos de Marisa sobre sus compras.
请听录音，写出Marisa的朋友们对于她所购买的东西的评价。

	pantalón	chaqueta	camisa	zapatos	chal
Esther					
Carlos					

15 Forma frases, según el modelo. 请仿照例子造句。

1. *Los libros son míos. Son mis libros.*

2. El coche es vuestro.
_____

3. El apartamento es nuestro.
_____

4. El dinero suelto es tuyo.
_____

5. El pantalón es suyo.
_____

6. La moto es tuya.
_____

7. La habitación es nuestra.
_____

8. Las gafas son tuyas.
_____

9. El jersey es suyo.
_____

10. El bolso es mío.
_____

16 Formula la pregunta para las siguientes respuestas. 请根据回答提问。

1. ¿...................................?
   No, no son míos los apuntes.

2. ¿...................................?
   Sí, he escuchado tu contestador.

3. ¿...................................?
   No, no tengo vuestro teléfono móvil.

4. ¿...................................?
   Sí, son nuestros los papeles.

5. ¿...................................?
   Sí, es mi casa.

6. ¿...................................?
   No, no he comprado su último CD.

7. ¿...................................?
   Sí, Elena es nuestra nuera.

8. ¿...................................?
   No, nuestra casa es aquella.

9. ¿...................................?
   Sí, este es mi hermano.

10. ¿...................................?
   Sí, estos son sus libros.

7

¿Cuidamos el medio ambiente?

ámbito ❶ ¿Qué has hecho hoy?

- Hablar de lo hecho recientemente
- Hablar de experiencias personales
- Valorar una actividad pasada

ámbito ❷ ¿Y tú qué opinas?

- Pedir opinión
- Dar una opinión
- Expresar acuerdo o desacuerdo con algo
- Argumentar a favor o en contra de una idea
- Situar en el espacio

1 Completa con las formas correspondientes del pretérito perfecto o del infinitivo. 请填写相应的陈述式现在完成时形式或动词原形。

	yo	tú	él	nosotros	vosotros	ellos
trabajar						
				nos hemos vestido		
		has salido				
			se ha levantado			
	he comido					
					os habéis acostado	
						han visto
				hemos dicho		
romper						
	he sido					

2 Relaciona los infinitivos con sus correspondientes participios irregulares. 请将动词原形与其对应的不规则的分词形式连接起来。

deshacer	recubierto
descomponer	dicho
revolver	visto
soltar	deshecho
cubrir	devuelto
poner	muerto
hacer	frito
ver	revuelto
decir	suelto
devolver	cubierto
descubrir	puesto
freír	hecho
rehacer	descubierto
recubrir	rehecho
morir	descompuesto

3 Subraya los verbos de este texto. 请标出本段短文中的动词。

Tengo que levantarme temprano y desayunar rápidamente.

Hoy es un día importante en mi trabajo. Me presento ante mi nuevo jefe.

Tengo que vestirme bien para dar una buena impresión y tengo que llevar todos los papeles de mi currículo. Tengo que ir en autobús a mi trabajo porque tengo el coche roto. Pero no me importa porque hay una línea de autobús muy cerca de casa.

¡Estoy nerviosa!

¡Tengo que hacerlo todo muy bien!

3.1 Ahora cambia hoy por *esta mañana* y escribe los verbos en la forma adecuada. 请将hoy改为 esta mañana, 用适当的动词形式填空。

Esta mañana .... que levantarme temprano y desayunar rápidamente. .... una mañana importante en mi trabajo. Me .... ante mi nuevo jefe. .... que vestirme bien para dar una buena impresión y .... que llevar todos los papeles de mi currículo. .... que ir en autobús a mi trabajo porque tengo el coche roto. Pero no me .... porque hay una línea de autobús muy cerca de casa. ¡............... nerviosa! ¡................. que hacerlo todo muy bien!

4 **Escribe cinco cosas que has hecho hoy antes de almorzar.** 请写出今天午饭之前你做过的五件事。

1. _____
2. _____
3. _____
4. _____
5. _____

5 **Escribe los verbos en la forma correcta.** 请写出动词的正确形式。

Moira .... *(levantarse)* temprano esta semana. Todos los días .... *(tener)* exámenes a primera hora de la mañana. Después de los exámenes .... *(ir)* a la biblioteca a estudiar y .... *(pasar)* por la fotocopiadora para recoger sus nuevos apuntes. Las tardes las .... *(dedicar)* a estudiar. Por las noches .... *(pasear)* un rato con su perro. Así .... *(olvidarse)* un poco del estrés y de los nervios de todo el día.

6 **Imagina que estás con un grupo de amigos de excursión y has podido hacer muchas cosas. Escribe cómo lo consideras.** 想象一下你正在和一群朋友郊游，而且你已经能做很多事情了。请写出你的看法。

Ej.: *Hemos contado chistes toda la tarde. Ha sido muy divertido.*

1 Hemos estado caminando durante seis horas por unas montañas bastante escarpadas.
....

2 Nos hemos reunido en el hotel y nos hemos pasado la tarde jugando a las cartas.
....

3 Nos hemos perdido en el monte y una patrulla de guardias forestales ha venido a rescatarnos. ..
....

4 Hemos encontrado muchas especies vegetales que no conocemos. Nuestro profesor de Botánica se ha puesto muy contento.
....

5 Hemos pasado toda la tarde viendo la televisión.
....

6 Nos han explicado cuántos senderos hay en estas montañas y cuáles son los caminos que deben seguirse. ¡Han estado hablando tres horas!
....

7 **Completa libremente.** 请将句子补充完整。

1. Has estado toda la mañana limpiando tu casa, no has preparado nada de comida y hace un calor espantoso. Tu mañana ha sido ....

2. Te han regalado por tu cumpleaños un cachorro de bulldog y te han llamado tus amigos desde el extranjero para felicitarte. Ha sido un día ....

3. Tu jefe te ha encargado un trabajo muy difícil y tu secretaria está enferma. Tu día ha sido ....

4. Te has recorrido todas las calles del centro de Sevilla y has visitado todas las iglesias y la catedral. Ha sido un día ....

5. Has visto esta semana siete películas y has asistido a dos conferencias sobre cine español. Ha sido una semana ....

6. Has visto un programa de televisión sobre los últimos inventos y te has quedado dormido a la mitad. Ha sido un programa ....

7. Has celebrado en tu piso una fiesta de despedida y has estado bailando hasta las seis de la mañana. Ha sido una fiesta muy ....

8. Se te ha roto el coche al salir de casa, tu jefe te ha despedido y te han robado la cartera. Ha sido una mañana ....

9. Te has estado mudando de casa durante todo el mes. Has trasladado todos los libros tú solo. Ha sido un mes ....

10. Te has encontrado con Marisa y te ha contado la boda de Pepa y Javier. Ha sido ....

8 **Utiliza *ya* y *todavía / aún* cuando corresponda.** 请在必要处用ya / todavía / aún填空。

1. .... he hecho los trámites para mi viaje a Roma.

2. Ningún alumno me ha dicho .... que retrasa el examen.

3. No he comprado .... la maleta que me voy a llevar.

4. .... tengo el disco que me gusta.

5. No hemos tenido tiempo .... de saludar a los vecinos.

6. ¿.................... has escrito el correo que te han pedido?

7. ¡.................... no habéis limpiado vuestra habitación!

8. Han estudiado .... los tiempos de pasado.

9. Por fin, él ha comprendido .... que no lo quiero.

10. Ella no ha entendido .... que no puede jugar con sus sentimientos.

9 **Claudia y Daniel han decidido irse juntos cinco días a la playa. Mira sus agendas y escribe qué cosas han preparado ya para su viaje y cuáles no.** Claudia和Daniel已经决定一起去海滩玩儿五天，请看他们的记事本，写出他们已经为旅行准备好的东西以及还有什么没准备。

Claudia

bañador
toalla de playa ✔
playeras blancas y azules ✔
crema protectora (factor 60)
5 camisetas
3 pantalones cortos ✔
5 mudas
gafas de bucear ✔
libro de lectura

Daniel

bañador ✔
toalla de playa ✔
zapatillas deportivas
crema protectora (factor 60) ✔
5 camisetas ✔
2 vaqueros y 2 pantalones cortos
5 mudas
gafas de sol ✔
crucigramas ✔

Ej.: *Claudia no ha guardado **todavía** su bañador y Daniel **ya** lo ha puesto en la maleta.*

▷ _____ .
▷ _____ .
▷ _____ .
▷ _____ .
▷ _____ .
▷ _____ .
▷ _____ .

10 **Escribe oraciones, según el modelo.** 请仿照例子造句。

¿Has tirado la basura? —
Sí, ya la he tirado.

No, todavía / aún no la he tirado.

1. ¿Has visitado Segovia?

2. ¿Has usado papel reciclado?

3. ¿Habéis depositado las pilas en los contenedores?

4. ¿Ha separado los vidrios del papel para reciclar?

5. ¿Se han apuntado a una ONG?

6. ¿Han preparado las próximas vacaciones?

7. ¿Has tenido examen de gramática?

8. ¿Has llamado a tu novio?

9. ¿Habéis jugado un partido de fútbol?

10. ¿Ha comido tortilla de patatas?

11 **Escribe la palabra que corresponde en la casilla.** 请在空格中填写对应的词语。

1. Cualquier cosa que se puede utilizar.

2. Objeto que puede arder con facilidad.

3. Agua que se puede beber.

4. Objeto que se puede reciclar.

5. Material que no permite la entrada del agua.

6. Dicho que se puede creer.

7. Persona que muestra mucha amabilidad.

8. Algo que se puede vender.

9. Algo que se puede soportar.

10. Algo que no se puede conseguir o hacer.

12 **Encuentra el término intruso.**
请找出不同类的单词。

alcantarilla, fábrica, papel, desperdicios, contenedor

escombros, basura, papel, desperdicios, trituradora

papel, vertedero, cartón, plástico, vidrio

degradación, vertidos, contaminación, ecológico, polución

13 **Escribe las palabras que faltan.** 请填写缺少的单词。

Podemos aprovechar mejor los .... naturales del planeta. La vida ha ido complicándose poco a poco de manera que los hombres no pueden vivir sin determinados adelantos .... ¿Alguien piensa lo que puede ser nuestra vida sin la lavadora, por ejemplo? ¿Y sin los aviones? Pero ¿adónde van a dar las aguas sucias de las lavadoras? ¿Y los .... de los aviones? En cualquier caso, no podemos vivir sin los .... tecnológicos. ¿Qué sería de nosotros sin la luz eléctrica o sin papel? Lo que tenemos que hacer es .... el gasto y .... todo lo que desechamos.

14 **Elige la opción correcta.** 选择正确的选项。

1. He leído que en el pueblo de María han instalado una ....
Así solucionarán sus problemas de agua.

alcantarilla   depuradora   fábrica

2. Los .... incontrolados son un mal cada vez más frecuente.

plásticos   desperdicios   vertidos

3. En el ayuntamiento de mi pueblo quieren potenciar
el .... entre toda la población.

reciclaje   escombro   cartón

4. Yo creo que todavía hay pocos ....
en las ciudades para reciclar papel y vidrios.

vertederos   escombros   contenedores

5. Los contenedores verdes son·para ....

reciclar papel   reciclar vidrio   reciclar plástico

15 **Escucha estas palabras y marca las sílabas tónicas.** 请听录音并标出这些单词的重读音节。

- mariposa
- rompelo
- climatico
- lastima
- montañoso
- calavera
- escucha
- enfermedad
- lagrimas
- arenoso
- Cantabria
- entremes
- importacion
- plomizo
- nevado

15.1 Ahora, coloca el acento, según las normas ortográficas. 现在，请根据正字法添加重音符号。

16 **Escucha y marca la sílaba tónica. Pon el acento donde corresponda.** 请听录音，画出重读音节并标上重音符号。

alfombra	severidad
palido	lampara
trenza	abrigo
tuna	bufanda
pilon	colchoneta
vieira	interprete
ocio	callejuela
animal	telescopio
caseta	ordenanza
camara	matricula
mampara	humanidad
opinion	condiciones

1 **Fíjate bien en este mapa de Hispanoamérica y completa con los adverbios correspondientes.**
请仔细观察这幅西班牙语美洲地图，填写相应的副词。

1. Bolivia está .... de Venezuela.

2. Argentina está .... de Chile.

3. Cuba está .... de Centroamérica.

4. México está .... de Guatemala.

5. Ecuador está .... de Perú.

6. Argentina está .... de México.

7. Uruguay está .... del océano Atlántico.

8. Ecuador está .... de la selva amazónica.

2 **¿Estás comprometido con el medio ambiente? Compruébalo después de responder a estas preguntas.** 你是否爱护环境？回答下列问题来证实一下吧。

① Ves un polluelo en medio de la calle porque se ha caído del nido y todavía no sabe volar. ¿Qué haces?

a) Lo ignoras y lo dejas donde está. La vida es dura para todos.

b) Te lo llevas a casa. Servirá para hacer una paella.

c) Lo cuidas en casa hasta que pueda valerse por sí mismo.

d) Lo entregas a la asociación municipal protectora de animales.

④ El cenicero de tu coche está lleno de colillas y basura.

a) Lo vacías en la carretera para que salgan volando para todos los lados.

b) En el próximo semáforo abres con disimulo la puerta y lo vacías en la calle.

c) Lo vacías en la papelera de la gasolinera cuando limpias el coche.

d) Se lo dices al mecánico, que te va a hacer el cambio de aceite.

⑦ Tienes un coche muy viejo que quema mal y echa mucho humo.

a) Sigues con el coche porque es divertido ver el humo por el espejo cuando conduces.

b) Sigues con él porque tampoco lo usas tanto. Además, muchas personas son fumadoras...

c) Vendes el coche a la chatarra y usas los transportes públicos.

d) Le regalas el coche a un amigo que está aprendiendo a conducir. Así puede practicar.

2 Tienes todos los libros y apuntes del curso pasado, que ya no te sirven para nada.

a) Los tiras a la basura. Ya no te sirven...

b) Haces tiras con ellos y montas una fiesta en la plaza.

c) Los echas en un contenedor de reciclaje de papel.

d) Los entregas en la Universidad. Allí sabrán qué hacer con ellos.

3 Has tenido varias fiestas con tus amigos esta semana, y toda la casa está llena de botellas vacías.

a) Las tiras a la basura de tres en tres para que no abulten tanto.

b) Las guardas para romperlas con tus amigos en la próxima fiesta.

c) Las lavas y las tiras en el contenedor de reciclaje de vidrio.

d) Se las dejas a tu vecina delante de la puerta, por si le sirven para algo.

5 Tienes muchas pilas almacenadas.

a) Las tiras a la basura de una en una para contaminar menos.

b) Las tiras al embalse de agua de la ciudad. Nadie las va a descubrir en el fondo.

c) Las depositas en el contenedor de pilas.

d) Las dejas abandonadas en el banco de la esquina. Alguien sabrá qué hacer con ellas.

6 Eres el dueño de una fábrica que contamina el río de una ciudad.

a) Explicas con argumentos que tienes que fabricar plásticos. La vida es dura para todos.

b) Pones a funcionar la fábrica por la noche. Así nadie se entera. Además, como están durmiendo no respiran el aire contaminado.

c) Buscas otra maquinaria que no contamine.

d) Compruebas cuál es el fallo y lo reparas. Así puedes estar un par de años más.

8 Te has ido de excursión con unos amigos. ¿Qué haces con los desperdicios?

a) Los dejas en el campo. Servirán de abono.

b) Los entierras metidos en un plástico. Nadie va a descubrirlos.

c) Los guardas en una bolsa de basura y los tiras en el contenedor de basura.

d) Los metes en una bolsa de basura y los dejas al principio del camino. El guardia forestal sabe qué hacer con ellos.

3 **Corrige los errores lingüísticos de estas oraciones.** 请改正下列句子中的语言错误。

1. Yo ha estado aquí varias veces.

2. Estamos a casa de Pedro.

3. Todavía ha venido Juan con sus amigos.

4. Voy en la calle para dar un paseo.

5. Entramos fuera de la casa.

6. Siempre miras la televisión cuando la tienes detrás de ti.

7. Han cortado el árbor en la plaza.

8. Habéis hablando con teléfono por María.

9. Se ha caído el jarrón y se ha rompido de tres pedazos.

10. Está palido porque ha tomado sol.

4 Escribe los nombres correspondientes a estas definiciones. 请写出下列释义对应的名词。

1. Gran elevación natural del terreno.

2. Corriente de agua continua que desemboca en el mar.

3. Llanura entre montañas.

4. Abertura, generalmente en una montaña, por la que salen de tiempo en tiempo gases, lava y fuego.

5. Ribera del mar, formada por arenas y de forma plana.

6. Mar muy grande, que está entre continentes.

7. Agua helada que cae de las nubes suavemente.

8. Lugar lleno de árboles y plantas silvestres.

9. Serie de montañas enlazadas entre sí.

10. Sitio ameno, lleno de hierba, que sirve de paseo en algunos pueblos.

5 Escribe la preposición que falta en cada oración. 请写出下列句子中缺少的介词。

1. Hemos estado viajando .... toda Colombia.

2. Salimos .... Venezuela la semana próxima.

3. Me voy .... Argentina en barco. Quiero hacer un crucero.

4. ¿Vas .... la plaza de España? Pues te acompaño.

5. Solo habéis llegado .... el mercado. Hay que caminar más.

6. Ecuador está .... el continente americano.

7. Te mandamos esta postal .... Perú.

8. .... Bolivia .... México hay miles de kilómetros.

9. La cordillera de los Andes recorre Sudamérica .... el norte .... el sur.

10. Guatemala está .... Centroamérica.

11. ¿Os vais .... Panamá de vacaciones?

12. Juan ha viajado .... Cuba y Puerto Rico.

13. Sé que quieres ir .... Honduras, pero desconozco los motivos.

14. Te llamo .... Nicaragua. Es un país precioso.

6 Fíjate en el dibujo y coloca los adverbios y preposiciones que faltan en este texto. 请观察图片，补充短文中缺少的副词和介词。

7 Completa el texto con las palabras del recuadro. 请用给出的单词填空。

en, ahora, miel, en, sus, delante de, todavía, playa, mujer, sin, con, muchísimo, las, mermelada

Esta mañana me he levantado temprano y me he duchado. He preparado el desayuno (una tostada con mantequilla y ...., zumo de naranja y café .... leche). Luego he cerrado la maleta y he llamado a un taxi.

Ahora, camino del aeropuerto, pasa toda mi vida .... mí. He vivido con Juan durante dos años. Nos hemos querido .... y hemos vivido momentos emocionantes. Todos los recuerdos se agolpan en mí. Recuerdo nuestra boda .... Oviedo. Recuerdo nuestro viaje de luna de .... a los Alpes suizos. Recuerdo .... regalos. Recuerdo .... llamadas telefónicas desde la .... (él de vacaciones y yo en la oficina ....). ¡Recuerdo tantas cosas! Pero .... voy a subirme al avión y a marcharme de España y de su vida. Tengo que aprender a vivir .... él. La razón es muy sencilla: he sabido que está casado .... Granada con otra .... y que tiene tres hijos.

MI CASA FAVORITA

Solo tengo 12 años, pero ya sé cómo va a ser mi casa. Hoy he tenido un sueño y he visto cómo va a ser la casa que quiero. Voy a describirla:

Es grande y tiene dos pisos. Está .... el campo. Tiene .... un parque muy bonito. Allí hay árboles, uno .... otro. Mi casa está .... el río. .... el río hay un puente muy antiguo que une el pueblo......... la gran ciudad. .... el puente hay una pequeña playa adonde vamos a bañarnos todos los .... pueblo cuando hace mucho calor.

.... la casa tengo un pequeño jardín .... el que voy a plantar rosas y lechugas (¡me encantan las lechugas!). Ya he dicho que mi casa tiene dos pisos. .... el piso de .... hay dos grandes ventanales y .... el piso .... están la puerta y una ventana. .... la ventana también voy a plantar rosas, para verlas desde mi sillón cuando leo y escucho música.

Como la zona es muy tranquila, puedo pasear .... bicicleta .... el campo, ... el puente .... mi casa. Otras veces salgo a pasear y camino .... el prado, que está un poco ...., pero me viene bien caminar. A veces tomo el autobús que va .... la gran ciudad y me deja .... la puerta .... casa.

---

8 **Escribe un texto en pasado con estas palabras.** 请用给出的单词以过去时写一篇短文。

> montaña, alpinista, chocolate, nieve, perro, helicóptero, esquí

 9 **Marca la palabra que escuches.** 请标出听到的单词。

1. busco / buscó
2. lástima / lastima
3. salto / saltó
4. toco / tocó
5. hablo / habló
6. paró / paro
7. escucho / escuchó
8. pelo / peló
9. ensucio / ensució
10. cantó / canto

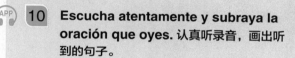 **10** **Escucha atentamente y subraya la oración que oyes.** 认真听录音，画出听到的句子。

- ¿Quiere venir? / Quiere venir.
- Vienes mañana a casa / ¿Vienes mañana a casa?
- ¿Me lo ha comprado? / ¡Me lo ha comprado!
- ¡Eres un tonto! / Eres un tonto.
- Hay un problema / ¿Hay un problema?
- Te da asco / ¿Te da asco?
- ¡Qué coche tienes! / ¿Qué coche tienes?

11 **Define las palabras siguientes.** 请写出下列单词的释义。

amable

nevado

sucio

reciclable

contaminación

8 Hablemos del pasado

ámbito 1 Biografías

● Hablar del pasado
● Contar la vida de una persona
● Situar los hechos en el pasado
● Relacionar hechos en el pasado

ámbito 2 ¡Qué experiencia!

● Hablar de acontecimientos y hechos históricos; situarlos en el tiempo
● Referirse a acontecimientos o hechos pasados y valorarlos

1 Escribe la forma correspondiente del indefinido. 请写出原形动词的简单过去时变位。

	trabajar	cantar	ver	nacer	vivir
yo					
tú					
él/ella/usted					
nosotros/-as					
vosotros/-as					
ellos/ellas/ustedes					

2 Escribe el nombre correspondiente. 请写出相应的名词。

1. nacer ➡ *nacimiento*   **3.** vivir ➡   **5.** trabajar ➡

2. morir ➡   **4.** estudiar ➡   **6.** viajar ➡

3 Completa las siguientes oraciones con la forma verbal adecuada. 请用动词的恰当形式将句子补充完整。

1. El año pasado (trabajar, nosotros) .... para pagarnos los estudios.

2. El mes pasado (hablar, él) .... con sus padres por teléfono.

3. Ayer (visitar, él) .... Barcelona.

4. Anteayer (comprar, ellos) .... una casa.

5. Anoche (conocer, yo) .... a las amigas de tu vecina.

6. En 1990 (nacer, ella) .... mi hermana pequeña.

7. En enero de 2007 (terminar, él) .... su carrera.

8. Aquel año (empezar, nosotros) .... a salir.

9. Ese año (encontrar, ella) .... trabajo.

10. El 14 de marzo de 2014 (cumplir, ellos) .... su primer aniversario.

4 ¿Qué hiciste cuando... 在下列情况下，你做了什么？

5 **Completa las siguientes oraciones con la forma verbal adecuada.** 请用动词的恰当形式将句子补充完整。

I. Cuando terminó los estudios, se marchó de viaje.
Al terminar sus estudios, se marchó de viaje.

2. Cuando acabó de estudiar, buscó trabajo.

3. Cuando alquiló su primer piso, la ayudaron sus padres.

4. Cuando visitó Nueva York, compró muchos regalos.

5. Cuando acabó de cenar, se fue a dormir.

6. Cuando salimos de viaje, llevamos muchas maletas.

7. Cuando publicó su primer libro, tuvo mucho éxito.

8. Cuando fuimos a la playa, nos pusimos muy morenos.

9. Cuando vio la película, se enamoró del actor.

10. Cuando se casó, dejó de trabajar.

APP **6** **Escucha y marca el acento de intensidad de las palabras que vas a oír.** 请听录音并标出单词的重读音节。

I. termino
2. termino
3. sali
4. fuiste
5. salimos

6. nacio
7. conocimos
8. vino
9. viajo
10. viajo

7 **Escribe las cosas que hiciste o dejaste de hacer la semana pasada.** 请写出你上周做了什么或没做什么。

_____
_____
_____
_____
_____
_____
_____
_____

Salir con los amigos
Hacer deporte
Ir al cine
Ir al banco

Pasear por la ciudad
Cortarte el pelo
Ir a la compra
Mandar un correo electrónico

8 **Fíjate en los acontecimientos más importantes de la vida de Esther y Carlos y relaciónalos con el tiempo actual, según el ejemplo.** 下面的图片是Esther和Carlos生命中最重要的事件。请仿照例子，联系现在的时间造句。

1

Se conocieron en 2004.
Hace x años que se conocieron.

2

3

4

9 Piensa en los cinco acontecimientos más importantes de tu vida y relaciónalos con el tiempo actual.
请想一想你生命中最重要的五件事，把它们和现在的时间联系起来造句。

19...... _Hace..._

10 Completa el siguiente cuadro con las formas de pretérito indefinido. 请写出下列动词的简单过去时形式。

	estar	ser	morir	leer	poder
yo					
tú					
él/ella/usted					
nosotros/-as					
vosotros/-as					
ellos/ellas/ustedes					

11 Escucha e indica si es verdadero o falso.
请听录音并判断正误。

	V	F
Fueron a Madrid.		
Perdieron las maletas.		
Llovió.		
Les gustó El Retiro.		
Montaron en barca.		
Visitaron el museo del Prado.		

12 **Completa estos diálogos con las preguntas correspondientes.**
请用相应问题将对话补充完整。

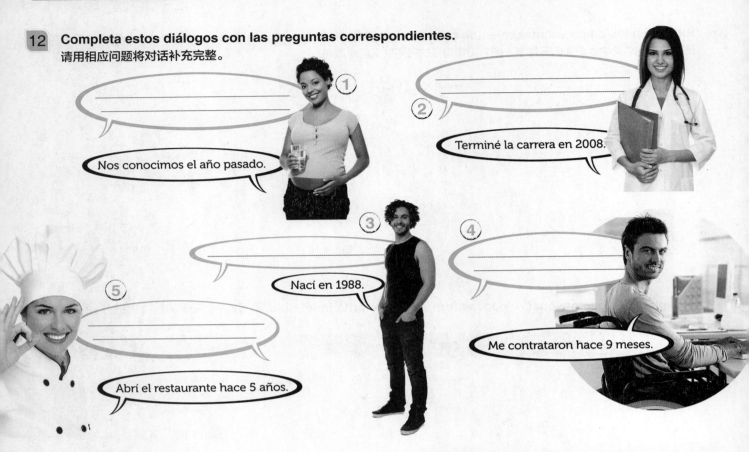

Nos conocimos el año pasado.

Terminé la carrera en 2008.

Nací en 1988.

Me contrataron hace 9 meses.

Abrí el restaurante hace 5 años.

13 **Completa las siguientes oraciones con las formas verbales adecuadas.** 请用动词的恰当形式将句子补充完整。

1. Ayer (*tener, ellos*) .... un niño precioso.

2. El fin de semana pasado (*estar, nosotros*) .... en Segovia.

3. El domingo por la tarde (*quedarse, él*) .... en casa preparando el examen.

4. En marzo (*viajar, ellos*) .... por Andalucía.

5. El martes pasado (*ir, ellos*) .... a comprar muebles para su casa.

6. Anoche la policía (*detener*) .... a los ladrones.

7. Los alumnos (*hacer, ellos*) .... el examen la semana pasada.

8. Anteayer (*aparcar, yo*) .... el coche en un párking.

9. Hace diez años que (*comprar, él*) .... el piso.

10. Ayer (*sentir, yo*) .... un dolor inmenso en la cabeza.

14 **Aquí tienes los datos personales de Jorge Andrade; escribe con ellos su biografía. No olvides colocar los signos de puntuación necesarios.** 下面是Jorge Andrade的个人资料，请据此写出他的个人简历，注意别忘了添加必要的标点符号。

1980	Nace en Barcelona.
1985	Se traslada con su familia a vivir a Londres.
1986	Comienza a estudiar.
1998	Termina el Bachillerato.
1999	Regresa a Barcelona y comienza la carrera de Derecho.
2003	Conoce a María en la universidad.
2004	Termina la carrera. Se casa con María.
2005	Comienza a trabajar en un despacho.
2008	Nace su primer hijo. Se trasladan a vivir a Madrid.
2010	Nace su segundo hijo. Tiene un accidente de tráfico.
2015	Vuelve a Barcelona.

APP **1** Escucha a estas personas que hablan sobre lo ocurrido en España en los últimos tiempos y completa el siguiente cuadro cronológico. 录音中的人物正在谈论近几十年西班牙发生的事情，请根据录音内容把下列表格补充完整。

AÑO	ACONTECIMIENTO
1986	
1992	
2001	
2002	
2010	

2 ¿Cuándo ocurrieron estos acontecimientos? Sitúalos en el tiempo e indica el país en el que se celebraron. 下面列举的大事都发生在什么时候？请添加事件发生的时间和国家。

1 Las Olimpiadas

Las Olimpiadas de x fueron en x.
Las Olimpiadas tuvieron lugar en el año x.

2 La Exposición Universal

3 El Mundial de Fútbol

4 La Cumbre Hispanoamericana

5 Cumbre Mundial sobre las Mujeres

3 Alberto es muy despistado y ha mezclado fechas y acontecimientos. Ayúdalo a ordenarlos cronológicamente. Después, escribe una redacción con todos esos datos. Alberto非常马虎，他把事件和发生的时间弄混了，请帮助他按照时间顺序重新排列这些事件，然后用这些数据写一篇文章。

1. El primer trasplante de corazón se hizo después del descubrimiento de la estructura del ADN, pero no fue en 1997.

2. El nacimiento del primer bebé probeta fue en 1978.

3. La clonación de un ser vivo a partir de una célula madre no fue ni en 1967 ni en 1953.

AÑO	ACONTECIMIENTO CIENTÍFICO

Primero _____

_____

_____

_____

_____

_____

_____

4 ¿Cómo valorarías estos temas? 关于这些主题你有什么看法?

television   redes sociales   películas ciencia-ficción   paz   teléfono móvil   moda

5 Completa el cuadro con las formas de pretérito indefinido. 请写出下列单词的简单过去时形式。

	CONSTRUIR	DAR	DECIR	REPETIR	PONER
yo					
tú					
él/ella/usted					
nosotros/-as					
vosotros/-as					
ellos/ellas/ustedes					

6 ¿Qué cosas hiciste el fin de semana pasado que no has hecho este? 你上周末做了哪些这个周末没有做的事情?

El fin de semana pasado _____
_____
_____
_____

Este fin de semana _____
_____
_____
_____

7 Ordena cronológicamente, empezando por lo más próximo, estos marcadores y escribe un ejemplo con cada uno. 请按照时间顺序整理和补充下列句子，从最近发生的事件开始。

▶ El último verano ······

▶ Esta primavera ······   ▶ Hace cinco años ······

▶ En 1990 ······   ▶ Este año ······

▶ Anoche ······   ▶ Esta mañana ······

8 Completa las oraciones con las formas de pretérito perfecto y pretérito indefinido adecuadas. 请用动词的过去未完成时和过去完成时形式将下列句子补充完整。

Esta mañana (desayunar, yo) .... muy tarde.

El lunes pasado (hacer, ellos) .... una pancarta.

Hace un rato (ver, yo) .... las noticias en la television.

Paz (vivir) .... mucho tiempo en Barcelona.

¿Alguna vez (comer, tú) .... comida china?

Anoche (atropellar, él) .... a un perro en la autopista.

El domingo pasado (llegar, nosotros) .... tarde al aeropuerto.

En 2007 (ganar, yo) .... mucho dinero en la lotería.

Este año (hacer, yo) .... pocos viajes de fin de semana.

En 2001 (comprarse, él) .... su primer coche.

9 Clasifica las siguientes expresiones.
请将下列表达填写到对应栏中。

Esta tarde   Hoy

Esa semana   Nunca

El mes pasado   Alguna vez

Esta semana   Hace un rato

Hace cinco años

Esa tarde

En febrero   Ayer

➤ **CERCANAS**

➤ **LEJANAS**

10 Marca con una cruz si las siguientes afirmaciones se refieren a un pasado cercano o a un pasado lejano. 请判断下列句子发生在较近的过去还是较远的过去，并在相应的栏中画X。

	CERCANO	LEJANO
En 1990 murieron muchas personas en las carreteras españolas.		
Esta tarde me he comprado el último disco de Rosana.		
Hace un rato que han llamado por teléfono a Luis.		
El 5 de julio de 1990 empezó a trabajar.		
Este año no he comprado lotería.		
Aquel fue un mal año para la economía española.		
El fin de semana pasado cenamos en un restaurante árabe.		
Nunca he visto una película de Corea.		
Hace cinco años que se casaron.		
El último invierno fuimos a esquiar a Sierra Nevada.		

11 **Completa estos enunciados.** 请将下列句子补充完整。

1. El verano de 1999 ....
2. El miércoles pasado ....
3. Esta madrugada ....
4. Esta tarde ....
5. El .... de .... de 20............

12 **Completa con la ayuda del diccionario y de tu profesor.** 请查阅词典并在老师的帮助下完成此题。

▶ Alojamientos: _____
_____

▶ Cosas necesarias para viajar: _____
_____

▶ Acciones: _____
_____

13 **Completa este correo con los tiempos de pasado necesarios.** 请用必要的过去时态将这封邮件补充完整。

Nuevo   Responder | ∨   Eliminar   Archivar   Correo no deseado | ∨   ...

RV: ↑ ↓ ✕

¡Hola, Luisa!

¿Qué tal? Te escribo para contarte mi fantástico fin de semana en la playa. *(Regresar)* .... esta mañana y *(ponerse)* .... a escribirte. *(Salir)* .... el viernes por la tarde y *(llegar)* .... a las 7 a Benidorm. *(Estar)* .... tres días allí. El viernes por la noche *(ir)* .... a una discoteca y *(bailar)* .... muchísimo. *(Acostarse)* .... a las 4 de la madrugada. El sábado *(levantarse)* ....temprano y *(estar)* .... todo el día en la playa. Allí *(conocer)* .... a un chico guapísimo. *(Comer)* .... en un restaurante con él. Por la tarde, *(pasear)* .... por la ciudad con mis amigos. Ayer, domingo por la mañana, *(hacer)* .... algunas fotos en la playa, pero *(olvidarse)* .... la cámara de fotos en el chiringuito. ¡Cuando se entere mi hermano…! Este fin de semana *(ser)* .... increíble. Bueno, escribe pronto.

Un beso

14 **¿Qué cosas te gustaron o te encantaron de tu último viaje?** 在最近的一次旅行中，有什么事情让你喜欢或者着迷吗？

	Me encantó Me encantaron	Me gustó mucho Me gustaron mucho	Me pareció bien Me parecieron bien
La gente			
El paisaje			
Los hoteles			
Los monumentos			
El clima			
Los museos			
El ambiente			

15 **Escucha e intenta distinguir _ll_ de _y_.**
请听录音并试着分辨 ll和y的发音。

16 **Escucha y completa con el nombre adecuado.**
请听录音并填写适当的名词。

1. Persona que habla poco: ....
2. Bastón que utiliza el pastor: ....
3. Imperativo (usted) del verbo _ir_: ....
4. Pared (de madera) que rodea un terreno: ....
5. Cultura de los indígenas mexicanos: ....
6. Pantalón elástico: ....

17 **Señala las palabras que escuches.**
请指出你听到的单词。

✓ calló   ✓ raya
✓ cayó   ✓ ralla

✓ maya   ✓ haya
✓ malla   ✓ halla

✓ haya   ✓ poyo
✓ halla   ✓ pollo

18 **Escribe las palabras que escuches en su lugar correspondiente.** 将你听到的单词写到相应的位置上。

ll

y

19 **Escucha y completa.** 请听录音并填空。

1. Los habitantes de Paraguay se llaman ....
2. El .... sirve para parar los ....
3. Nos .... para escuchar al ....
4. La .... de la .... está rota.
5. Yo nunca he conocido a un ....
6. El .... está anclado cerca de la ....
7. Yo nunca como .... desnatado.
8. Se .... porque tropezó con el .... de la acera.
9. Nunca .... en público.
10. .... el collar en la ....

9 Recuerdos de la infancia

ámbito 1 Así éramos

- Describir lugares, personas y cosas del pasado
- Hablar de acciones habituales en el pasado
- Valorar el carácter de una persona en el pasado
- Hablar de deseos y gustos en el pasado
- Expresar cambios (físicos y de personalidad)
- Expresar cambios en los hábitos

ámbito 2 Todo cambia

- Narrar hechos del pasado y describir a sus protagonistas y los lugares en que sucedieron
- Hablar de hechos concretos y de acciones habituales en el pasado

1 **Completa la tabla con el pretérito imperfecto de indicativo.** 请用陈述式过去未完成时将表格补充完整。

	trabajar	dormir	querer	vivir	preferir	pintar
yo	trabajaba				prefería	
tú			querías			
él/ella/usted		dormía				
nosotros/-as						
vosotros/-as						pintabais
ellos/ellas/ustedes				vivían		

2 **Escribe el imperfecto de estos verbos.** 请写出下列动词的过去未完成时。

▶ ser ....

▶ comer ....

▶ venir ....

▶ sentir ....

▶ reír ....

▶ salir ....

▶ pensar ....

▶ tener ....

▶ andar ....

▶ hablar ....

▶ ir ....

▶ ver ....

2.1 Ahora indica cuáles son regulares y cuáles no. ¿Cuál es la regla para formar los imperfectos? 请指出哪些是规则动词，哪些不是。过去未完成时的变位规则是什么？

Los que terminan en .... hacen el imperfecto en .... y los que terminan en .... lo hacen en ....

3 **Completa estas oraciones con pretérito imperfecto.**
请用动词的过去未完成时填空。

1. Cuando (ser, yo) .... pequeño, (leer, yo) .... muchos cuentos.

2. Normalmente (levantarse, nosotros) .... tarde los domingos.

3. Siempre (ir, yo) .... a la piscina en verano.

4. Todos los días (llegar, vosotros) .... tarde a clase.

5. Nunca (ir, tú) .... a la discoteca.

6. Siempre (acostarse, ellos) .... a las doce de la noche.

7. A menudo (salir, nosotros) .... con los amigos.

8. Los fines de semana frecuentemente (ver, yo) .... la televisión porque no me (gustar) .... salir.

9. Cuando (ser, nosotros) .... jóvenes, no (pensar, nosotros) .... en el futuro.

10. De pequeño (hacer, yo) .... teatro en la escuela.

4 **Transforma las oraciones anteriores utilizando soler + infinitivo.** 请用soler +原形动词的形式改写上一题中的句子。

1. *Cuando era pequeño, solía leer muchos cuentos.*

2. _____

3. _____

4. _____

5. _____

6. _____

7. _____

8. _____

9. _____

10. _____

5 **Escribe los femeninos de estos animales.** 请写出这些动物的雌性名称。

perro

león

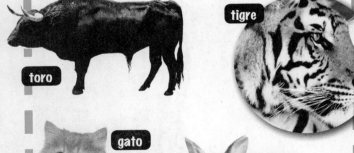

toro

tigre

gato

conejo

burro

caballo

6 **Este texto está en presente. Cámbialo a pasado y fíjate en si tienes que cambiar los adverbios.** 这篇短文中使用了现在时。请把它改成过去时，注意是否需要对副词进行相应改变。

Hoy Cristina se levanta temprano.

Se dirige al baño, dispuesta a darse una ducha rápida. Se mira en el espejo. Tiene buena cara. Muestra signos de sueño, pero es feliz. Piensa en Enrique y sonríe. Recuerda los ratos que pasan juntos. Se prepara el desayuno, hace un zumo de naranja, calienta la leche y hace café. Pone unas tostadas en el tostador. Mientras desayuna, escucha la radio. Por las mañanas hay un programa de entrevistas que le interesa mucho. Más tarde guarda todos sus papeles y sale para la oficina. Saca el coche del garaje y conduce con cuidado. «Hoy puede ser un gran día», piensa. Y vuelve a sonreír.

7 Observa este dibujo y responde las preguntas. Imagina que así era la escuela donde estudiaba tu abuelo. 请观察这幅插图，回答问题，想象一下这是你祖父曾经就读的学校。

1. ¿Era una escuela moderna? ¿Cómo era?

2. ¿Los alumnos llevaban babi?

3. ¿El profesor era alto, guapo y moreno?

4. ¿Qué había en la clase?

5. ¿Qué hacían los estudiantes?

6. ¿Había niños y niñas juntos en la misma clase?

8 Relaciona los elementos de cada columna y construye el mayor número de oraciones posible con el verbo en pasado. 连线题，请尽可能多地用动词的过去时造句。

• Todos los días	▶ yo	▸ salir	✓ de excursión
• Frecuentemente	▶ tú	▸ escribir	✓ en el colegio
• Muchas / Pocas veces	▶ Antonio y Rebeca	▸ ir	✓ enfermo
• Algunas veces	▶ vosotros	▸ estar	✓ poemas
		▸ quedarse	✓ de casa
		▸ ver	✓ la televisión
		▸ tocar	✓ el piano

9 Estas personas están hablando de su infancia. Escucha con atención y escribe cuáles son sus recuerdos. 录音中的人物正在谈论他们的童年，请仔细听并写出他们的回忆。

A

B

C

D

10 **Escribe los adjetivos que correspondan.** 请填写适当的形容词。

1. Una persona que solo piensa en sí misma es ....

2. Una persona que cuenta cosas de otras personas que no son verdad es ....

3. Una persona que siempre dice la verdad es ....

4. Una persona que dice cosas que no son verdad es ....

5. Una persona a la que le cuesta mucho hablar con los demás es ....

6. Una persona que ve la vida de «color de rosa» es ....

7. Una persona que todo lo ve de forma negativa es ....

8. Una persona de 19 años es ....

9. Una persona que siempre cuenta chistes es ....

10. Una persona que piensa y reflexiona antes de hacer las cosas es ....

11 **Escribe el contrario de los adjetivos anteriores y defínelos.** 请写出上一题中形容词的反义词并写出它们的释义。

1. _____

2. _____

3. _____

4. _____

5. _____

6. _____

7. _____

8. _____

9. _____

10. _____

12 **Escucha esta entrevista y responde las preguntas. Si no consigues todos los datos, pregunta a tu compañero.** 请听这段访谈并回答问题，如果你没有记住所有的信息，问问你的同学。

1. ¿Qué hacía en Budapest?

2. ¿Cuánto tiempo estuvo allí?

3. ¿Dónde vivía?

4. ¿Cómo era el apartamento?

5. ¿Tenía muchos amigos?

6. ¿Cómo era la vida?

7. ¿Le gustaba la comida?

8. ¿Qué hacía los fines de semana?

13 Escribe oraciones que expresen cambios en las situaciones que te damos. 请写出你在下面这些情况中的变化。

ANTES	AHORA
✓ tener novio	
✓ leer poemas	
✓ montar a caballo	
✓ trabajar	
✓ estudiar	
✓ llevar pendientes	
✓ regalar una rosa	
✓ hacer senderismo	
✓ ir de vacaciones	

14 Completa estas oraciones. 请将下列句子补充完整。

ANTES

1. Dormía 10 horas.
2. .... cartas.
3. Salía de copas.
4. Me .... la música *rock*.
5. No llevaba pendientes.
6. A menudo íbamos de excursión.
7. .... novelas románticas.
8. Hacía aerobic.

AHORA

.... 8 horas.
No escribo.
No .... nunca.
Me gusta la música clásica.
.... tres en cada oreja.
Nunca .... de excursión.
Leo novelas históricas.
.... yoga.

15 Acentúa correctamente las oraciones siguientes. 请标出下列句子的重读部分。

1. Te he preguntado si querias te.

2. El me ha dicho que el mercado de su pueblo es antiguo.

3. Mis problemas solo me interesan a mi.

4. A ti no pienso contarte eso.

5. Se que voy a conseguir que se venga conmigo.

6. Si vienes esta tarde te va a explicar que se va de vacaciones.

7. Tu me has dicho que no te interesa.

8. Nos ha guiado el, que conoce bien la zona.

9. El que lo ha dibujado debe presentarlo ante el jefe.

10. De oportunidades y le responderan que si a todo.

1 **Completa las oraciones con la forma correcta de *seguir* y *seguir sin*.** 请用seguir和seguir sin的正确形式将句子补充完整。

1. Juan .... hablando despacio en las conferencias.

2. Matilde .... hablar despacio en las conferencias.

3. Algunos .... comprometerse con la naturaleza.

4. Nadie .... estudiando en esas condiciones.

5. Ella .... poder enfrentarse a los problemas.

6. Nosotros .... reciclando papel.

7. Vosotros .... hacer una vida sana.

8. Yo .... leyendo libros de aventuras porque me gustan mucho.

9. ¿Tú .... comer chocolate para no engordar?

10. M.ª Jesús .... cambiar de carácter.

2 **Lee estas oraciones. Luego escribe un pequeño texto que describa cómo eran Tomás y Lola.** 请阅读下列句子，然后写一篇短文来描述Tomás和Lola。

▸ Tomás se ha vuelto simpático.

▸ Tomás ha dejado de estar encerrado en su habitación.

▸ Tomás sigue sin hacer gimnasia.

▸ Tomás sigue teniendo un buen corazón.

▸ Lola se ha vuelto un poco egoísta.

▸ Lola ha dejado de recibir a sus amigos.

▸ Lola sigue sin leer libros.

▸ Lola sigue siendo cortés y educada.

3 **Escribe qué cosas siguen haciendo estas personas, qué cosas han dejado de hacer y qué cosas siguen sin hacer. Después, diles a tus compañeros cuántas cosas de esas has dejado de hacer, sigues haciendo y sigues sin hacer.** 写出这些人继续做的事情、已经不做的事情以及仍旧没有做的事情。然后，告诉你的同学们图片中有多少事情你已经不再做了、继续在做和仍旧没有做。

9

4 **Fíjate en las imágenes y completa las oraciones con la estructura *volverse* + adjetivo.** 观察图片，用 volverse+形容词的结构将句子补充完整。

Juan antes era muy mal estudiante y era muy vago, pero ahora _____

Emma antes lo veía todo negro, pero ahora _____

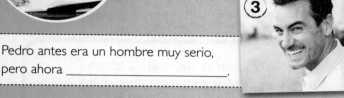

Pedro antes era un hombre muy serio, pero ahora _____

Sofía antes era una niña muy alegre y divertida, pero ahora _____

5 **En estas oraciones no hay correspondencia entre la expresión temporal y el tiempo verbal. Cambia la expresión de tiempo.** 下列句子中的时间表达方式和动词时态不相符。请仿照例句，根据动词时态改变时间表达方式。

Ej.: El año pasado voy de vacaciones al Caribe. / Este año voy de vacaciones al Caribe.

1. Antes hablo con Juan por las tardes.

2. La semana pasada voy a cambiarme de piso.

3. Todos los veranos salí al extranjero.

4. Normalmente hicimos el trabajo juntos.

5. En 1998 estudio en la universidad.

6. Hace dos días va a venir Juan y me va a decir lo que quiere.

7. Por las tardes salí de paseo todos los días.

6 **Este es Ernesto. Aquí tienes algunas características de su personalidad y de su vida. ¿Cuáles son las diferencias?** 这位是Ernesto，这里提供了一些他的个人和生活特点，请写出其中的区别。

7 **Sustituye la oración en negrita por un adjetivo.** 请用形容词替换黑体字。

1. Marina es una mujer **que come mucho.**

2. Ellos han tenido un accidente **que no podía evitarse.**

3. Su vecina tiene una enfermedad **que no tiene cura.**

4. Vosotros habéis entregado un trabajo **que me ha interesado mucho.**

5. Tu contrato es de los **que se pueden renovar.**

6. A ellos les pidieron las respuestas **que eran verdad.**

7. A ti te regalaron un ordenador **que «piensa» por sí mismo.**

8. Estas son las condiciones **que mejor se ajustan a tus necesidades.**

9. Pedrito es un niño **que está siempre riendo.**

10. Es una historia **que te hace llorar.**

8 **Escribe la preposición adecuada.** 请填写适当的介词。

1. Llegamos .... las cuatro de la madrugada.

2. .... la mañana se encontraron con Luis.

3. .... las diez .... las doce están en mi despacho.

4. Escribió la novela .... marzo de 1965.

5. Estamos .... sábado y todavía no he terminado el trabajo.

6. .... las tardes, Ana sale con sus hijas al parque.

7. .... abril .... agosto estaré en Estados Unidos.

8. .... 1997 .... 1999 trabajó en la empresa de su padre.

9. Quedaba con sus amigos los sábados .... la noche.

10. Vino .... las seis y no se marchó .... las diez.

9 **En las siguientes oraciones las preposiciones están mal utilizadas. Corrígelas.** 下列句子中的介词用错了，请改正。

1. Todos los días, en las mañanas, nos encontramos cuando vamos a trabajar.

2. Voy a casa de Francisco todos los días sobre la tarde.

3. Hasta las ocho y desde las diez estaré de compras.

4. Por 1987 viajó a París, donde comenzó sus estudios universitarios.

5. Se preparó los exámenes a marzo.

6. Vivo en México hasta 1996.

7. Por fin, a diciembre, encontró un piso de alquiler a buen precio.

8. Le gustaba tocar el piano hasta que era pequeño.

9. Trabajó en esa empresa desde 1999; ese año lo despidieron.

10. Quiero que estés en casa por las diez de la noche.

10 **Busca el intruso en estas series de palabras.** 请在下列单词中找出不同类单词。

1 alegre, rojo, desagradable, mentiroso, tonto

2 reía, solía, comisaría, tenía, sentía

3 cantábamos, llegábamos, íbamos, lanzábamos, paseábamos

4 chismoso, mentiroso, tímido, egoísta, pesimista

11 **Completa con el verbo en la forma correcta.** 请用给出的动词的正确形式填空。

disparar, subir, contemplar, seguir, tener, matar, fumar, agarrar, cerrar, sentarse, entrar, abrir, sentir, observar, sacar, meter, colocar, ir, regresar, preguntar, ser, conservar, beber

El Coronel .... un hombre de mal carácter y pocas palabras. .... alto y muy delgado, y su rostro se asemejaba al de un cadáver, pero todavía .... algo del hombre atractivo que fue en otros tiempos. En el pueblo todos le .... miedo porque contaban que en una ocasión .... a un hombre simplemente por llevarle la contraria. Todas las tardes .... al bar al atardecer; .... solo en un rincón y .... la caída del sol. .... constantemente y .... mucho, más de lo aconsejable para su edad. La mayor parte de las veces .... a su casa borracho, cayéndose al suelo cada dos pasos. Yo .... una gran curiosidad por saber cosas de su vida, por lo que .... a unos y a otros, pero nadie me decía nada, ni siquiera mi madre, que con frecuencia me contestaba: «Niña, no menciones su nombre en esta casa». Yo lo .... e, incluso, lo vigilaba (siempre he sentido atracción y admiración por personajes trágicos, perversos, perdedores, irracionales). En una ocasión lo .... hasta su casa. .... en ella dando gritos y patadas; .... a su habitación, ... una botella de brandy y comenzó a beber. A los pocos minutos, ... una pistola del cajón de la mesilla, ... una bala en el cargador y lo hizo girar. A continuación, ... el cañón junto a la sien y .... Yo .... los ojos aterrorizada; cuando los .... allí seguía él. Estaba temblando; sus ojos reflejaban perfectamente el miedo y el terror a la muerte, pero, al mismo tiempo, el deseo de acabar para siempre. Guardó la pistola y dijo: «Mala suerte, Coronel. Mañana tendrás que intentarlo otra vez».

12 👥 **En grupos. Construid una historia con estos elementos.** 小组练习。请用下列素材编写一个小故事。

APP 🎧 **13** **Escucha y señala las palabras que oigas.** 请听录音并指出你听到的单词。

1

bata	pata	teja	deja	casa	gasa
vaso	paso	tomar	domar	coma	goma
piba	pipa	cata	cada	acotar	agotar
cebo	cepo	coto	codo	saca	saga
bala	pala	pita	pida	cato	gato
batata	patata	termo	dermo	manco	mango

2

para	parra	pero	perro	amara	amarra
vara	barra	moro	morro	ahora	ahorra
caro	carro	mira	mirra	cero	cerro

3

molo	mulo	mimo	memo	pisar	pesar
modo	mudo	lona	luna	tila	tela

14 👥 **En parejas. Buscad palabras, grupos de palabras y enunciados según estos esquemas de acentuación.** 两人一组，请根据提供的重音找出相应的单词、词组和句子。

1. _ _ _ _ ´ _
   _ _ ´ _

2. ´ _ _ _ ´ _ _
   ´ _ _ _

3. _ _ ´ _ ´ _ _ _
   _ ´ _

10 Y mañana, ¿qué?

ámbito ❶ Mañana será otro día

- Hablar del futuro
- Expresar condiciones
- Expresar y pedir opinión
- Expresar y preguntar por el acuerdo o el desacuerdo
- Corroborar o negar una afirmación ajena
- Preguntar por el grado de seguridad
- Expresar duda e inseguridad

ámbito ❷ Esto se acaba

- Reflexionar sobre las estrategias de aprendizaje
- Opinar sobre el proceso de aprendizaje y el desarrollo del curso
- Valorar la experiencia académica y personal

1 **¿Qué les deparará el futuro? Construye oraciones, según el ejemplo.** 他们的未来会怎样？请仿照例子造句。

Yo, de mayor, seré médico. Por eso, curaré a muchas personas e investigaré nuevos medicamentos.

Yo seré matemática.

De mayor, seré profesor.

Yo, arquitecta.

2 **¿Cómo será el futuro de Manolito? Transforma los infinitivos en futuros y completa el texto.** Manolito的未来会怎样？请将下列原形动词变成将来时，将短文补充完整。

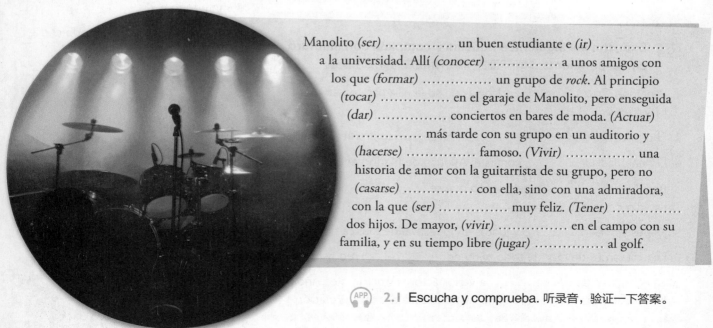

Manolito (ser) .... un buen estudiante e (ir) ....
a la universidad. Allí (conocer) .... a unos amigos con
los que (formar) .... un grupo de *rock*. Al principio
(tocar) .... en el garaje de Manolito, pero enseguida
(dar) .... conciertos en bares de moda. (Actuar)
.... más tarde con su grupo en un auditorio y
(hacerse) .... famoso. (Vivir) .... una
historia de amor con la guitarrista de su grupo, pero no
(casarse) .... con ella, sino con una admiradora,
con la que (ser) .... muy feliz. (Tener) ....
dos hijos. De mayor, (vivir) .... en el campo con su
familia, y en su tiempo libre (jugar) .... al golf.

APP **2.1 Escucha y comprueba.** 听录音，验证一下答案。

3 **Relaciona.** 连线题。

- inventar ▶ Perder una planta su aspecto verde y fresco. Quedarse sin agua un río, una fuente.
- investigar ▶ Transformar o aprovechar una cosa para un nuevo uso o destino.
- conservar ▶ Crear o descubrir, con estudio y habilidad, una cosa nueva.
- crear ▶ Intentar llegar a conocer una cosa estudiando, pensando o preguntando.
- secarse ▶ Encontrar lo que no se conocía o estaba oculto.
- agotar ▶ Gastarlo todo; acabar con una cosa.
- desarrollar ▶ Mantener o cuidar una cosa para que dure.
- destruir ▶ Producir una cosa.
- descubrir ▶ Hacer crecer o aumentar algo; mejorar.
- reciclar ▶ Romper o hacer desaparecer. Hacer que una persona o cosa deje de ser útil.

4 **Lee los siguientes titulares y escribe qué pasará mañana.** 请阅读下列题目并写出明天将要发生的事情。

① **Inauguración del Teatro Monumental**

② Conferencia del Secretario General de la ONU en Lisboa

③ VISITA DE LA REINA DE ESPAÑA A MÉXICO

④ *Presentación de la moda otoño-invierno*

5 **Escucha las siguientes noticias y completa con el futuro correspondiente.** 请听下面的消息并用相应的将来时填空。

1. Penélope Cruz .... a Madrid con su familia para pasar las Navidades.

2. El presidente de Gobierno .... a Venezuela durante una semana.

3. El Real Madrid .... contra el Atlético de Madrid en el Bernabéu.

4. Rafa Nadal .... en el torneo que se .... en el nuevo estadio de tenis.

5. Juanes y Shakira .... juntos en el festival de música pop.

6. Los cantantes de *rock* de todo el mundo .... a Freddy Mercury.

7. La Academia de cine .... a varios actores y actrices españoles e hispanoamericanos por toda una vida dedicada a la interpretación.

6 **Completa la historia.** 将小故事补充完整。

1. Si María sale por la noche, ... tarde y .... durante todo el día.

2. Si duerme durante todo el día, mañana no .... ir a clase y .... con un compañero para tener los apuntes.

3. Si .... con un compañero, ... algo y .... tarde a casa.

4. Si .... tarde a casa, ... tarde y .... durante todo el día.

5. Si .... durante todo el día, ... ir a clase y...

7 Escucha y anota qué consejos da este padre a su hijo. 请听录音并记下这位父亲给儿子的忠告。

8 ¿Qué le gustaría hacer a tu compañero en el futuro? Escríbelo. 你的同学将来想做什么？请写下来。

Ej.: *Ir a la universidad.*

Ej.: *Si estudias español, irás a la universidad.*

8.1 Ahora, escribe qué tiene que pasar para que se cumplan los sueños de tu compañero. 现在，请写出为了达成梦想，你的同学应该怎么做。

9 **Lee estas noticias de prensa sobre el desarrollo de la investigación genética.** 请阅读报刊
上有关基因研究发展的消息。

1

GRACIAS A LOS AVANCES EN GENÉTICA SE PODRÁN TRATAR ENFERMEDADES ANTES DE QUE SE DESARROLLEN

2

PODREMOS ELEGIR EL SEXO DE NUESTROS HIJOS

3

Conoceremos cómo serán nuestros hijos desde que son embriones. Esto nos permitirá estar mejor preparados para su educación, su formación, su desarrollo

4

La genética hará posible obtener alimentos con mejores cualidades, es decir, ayudará a la naturaleza a generar productos perfectos

5

LA MANIPULACIÓN GENÉTICA PERMITIRÁ RECUPERAR ESPECIES DESAPARECIDAS O EN PELIGRO DE EXTINCIÓN

9.1 Señala qué titulares presentan un hecho positivo o negativo. 请指出哪些消息属于积极方面，哪些消息属于消极方面。

POSITIVAMENTE   NEGATIVAMENTE

APP **10** **Escucha a estas personas que hablan sobre las consecuencias futuras de la investigación genética. Señala quiénes se muestran a favor y quiénes en contra.** 请听这些人谈论基因研究的后果，指出哪些人赞同，哪些人反对。

A FAVOR

EN CONTRA

11 **Lee estas otras opiniones y puntos de vista e indica en qué casos estás de acuerdo.** 请阅读下列意见和观点，指出你同意哪些？

✓ Yo creo que la investigación genética traerá más cosas malas que buenas. Por ejemplo, la clonación. Será posible clonar embriones humanos. Eso será horrible.

✓ A mí me parece que no se permitirá la clonación de seres humanos. Además, este es solo un aspecto de la investigación genética. Hay otros muchos, muy positivos, como son la prevención de enfermedades y el mayor conocimiento que se tendrá sobre ellas.

✓ Yo pienso que la manipulación genética de la naturaleza acabará con el equilibrio y con el ecosistema. El hombre no debe intervenir en el proceso natural, ni siquiera por razones «buenas».

✓ Yo no estoy de acuerdo contigo. Pienso lo contrario: beneficiará a la naturaleza, porque no tendremos necesidad de explotarla tanto. Imaginad: alimentos más duraderos, con mejores propiedades, de mayor tamaño, en todas las épocas y en todos los lugares. A lo mejor, es la solución para acabar con el hambre en algunos países.

✓ A mí me parece que, como ocurre siempre, beneficiará solo a los ricos (personas, instituciones o países) y aumentarán las desigualdades sociales.

11.1 Habla con tus compañeros y da tu opinión al respecto. ¿Cuál es la opinión mayoritaria? ¿Cuál es el aspecto más positivo del desarrollo de la investigación genética? ¿Y el más negativo? 和同学们讨论一下，说出你的观点。多数人持什么样的观点？基因研究最积极的影响是什么？最消极的呢？

12 **Has decidido viajar a la selva amazónica. Tus amigos están intentando convencerte para que no vayas. Contesta a sus «problemas» con soluciones.** 你决定去亚马孙热带雨林旅行，你的朋友们试图说服你不要去。请针对他们提出的问题说出你的解决办法。

- Te picarán los mosquitos. ⇨ *No importa. Compraré alguna crema.*
- Comerás cosas extrañas. ⇨
- No verás la televisión. ⇨
- Tendrás que andar mucho. ⇨
- Será peligroso por los animales. ⇨
- No podrás dormir por la noche. ⇨

13 **En la oficina en la que trabaja el señor Castro todos están muy preocupados, porque desde hace dos días no ha ido a trabajar. Los compañeros piensan en posibles razones. Fíjate en los dibujos y di cuáles pueden ser estas razones.** Castro先生的同事们都很担心，因为他已经两天没来上班了，同事们想了一些他不来上班的原因，请观察图片，说出哪些原因有可能造成他不来上班。

1. Quizás
2. A lo mejor
3. Tal vez
4. A lo mejor
5. Quizás

14 **Contesta libremente.** 回答下列问题。

1. Han suspendido el concierto de Alejandro Sanz. Tal vez, _____
2. Ha venido la policía a hablar contigo. A lo mejor, _____
3. Tengo fiebre. Quizás, _____
4. No sé qué voy a hacer en verano. A lo mejor, _____
5. Quiero buscar un nuevo trabajo. Tal vez, _____

6. Hoy hemos hecho el examen de español. Ha sido un poco difícil. Quizás, _____
7. Peter y Marie están discutiendo. Tal vez, _____
8. ¡Qué extraño! No hay nadie en la escuela. A lo mejor, _____
9. Dice mi horóscopo que el próximo año será estupendo. Quizás, _____
10. Se ha ido la luz de repente. Tal vez, _____

1 Vamos a comprobar lo que has aprendido. Para ello, te proponemos que realices este test de evaluación. ¡Suerte! 下面我们来检验一下你的学习成果吧。请完成下列测试题。祝你好运！

1 ¡Hola! ¿Cómo .... llamas?

a) te b) su c) se

2 Buenos días. ¿Es usted .... señor García?

a) la b) el c) ø

3 ¿.................. años tiene Enrique?

a) Cuántos b) Cómo c) Cuánto

4 ¿A qué se dedica Eva? .... enfermera.

a) Es b) Está c) Tiene

5 Mi habitación .... bastante grande. .... dos camas y una mesa de estudio.

a) está; Hay b) es; Están c) es; Tiene

6 Oiga, perdone. ¿.............. un banco por aquí?

a) Está b) Es c) Hay

7 Ángel y yo .... siempre 8 horas.

a) dormimos b) duermimos c) durmimos

8 .... regalamos flores a nuestra madre en su cumpleaños.

a) La b) Le c) Les

9 ¿Te .... los deportes peligrosos?

a) prefieres b) gustas c) gustan

10 A mí me encanta ir al cine los domingos. A mí ....

a) tampoco b) sí c) también

11 Perdone, ¿dónde está la Plaza Mayor?
Aquí cerca. Mire: .... recto y, después, ... a la derecha.

a) sigue; gira b) siga; gire c) gira; siga

12 ¿A qué hora .... despierta, señor Pérez? .... despierto a las ocho en punto.

a) te; Me b) se; Me c) nos; Me

13 ¿Qué te gusta más, el vino o la cerveza?
Prefiero .... vino.

a) bebo b) beben c) beber

14 ¿Qué te pasa?
No me encuentro bien. Me duelen ....

a) las muelas. b) la cabeza. c) el estómago.

15 Hola, Pedro. ¿Qué haces?
Ahora mismo .... la televisión. Es la hora de mi programa favorito.

a) veo b) estoy viendo c) voy a ver

16 El próximo fin de semana ....

a) voy a visitar a mi amigo Juan.

b) voy visito a mi amigo Juan.

c) visité a mi amigo Juan.

17 Esta falda es la que más me gusta.

a) Me la llevo.

b) Se las llevo.

c) Me la lleva.

18 Hace mucho calor. ¿Puedo abrir la puerta?

a) Ábrelas.　　b) Ábrelo.　　c) Ábrela, ábrela.

19 ¿.............. fumar aquí?

a) Se puede　　b) Puede　　c) Poder

20 Para aprobar el examen .... que estudiar un poco.

a) tener　　b) haber　　c) hay

21 Lo siento, ... no he oído el despertador.

a) porque　　b) es que　　c) que

22 Nos vamos de excursión a Barcelona.

a) ¡Que te diviertes!

b) ¡Que os divirtáis!

c) ¡Que se divierten!

23 ¿Has leído el periódico? No, ...

a) ya no lo he leído.

b) ya lo he leído.

c) todavía no lo he leído.

24 Esta semana no .... a tu hermano en clase.

a) vi　　b) veo　　c) he visto

25 .... una tienda nueva de informática.

a) Han abrido　　b) Han habido　　c) Han abierto

26 Miguel de Cervantes .... en Alcalá de Henares.

a) ha nacido　　b) nació　　c) nacio

27 El otro día .... una cena de amigos en mi casa.

a) organicé　　b) he organizado　　c) organizo

28 La fiesta de Año Nuevo fue ....

a) divertidísima　　b) muy divertidísima　　c) divertísima

29 Cuando .... pequeña, mi padre me .... todas las tardes al parque.

a) fui; llevó　　b) fui; llevaba　　c) era; llevaba

30 Antes era un chico muy estudioso, pero ahora .... un poco vago.

a) sigue　　b) ha dejado　　c) se ha vuelto

31 Ayer .... en la biblioteca toda la tarde porque .... que estudiar.

a) estuve; tenía　　b) estuve; tuve　　c) estaba; tenía

32 El año que viene .... un negocio en nuestro barrio.

a) poneremos　　b) ponemos　　c) pondremos

33 Mi padre dice que si estudio en la universidad .... un buen trabajo en el futuro.

a) encontré　　b) encontraré　　c) encontraremos

34 No sé qué voy a hacer el domingo. A lo mejor .... a Iván para salir.

a) llamo　　b) llame　　c) llamó

35 Hoy no ha venido a clase Peter. Quizás .... enfermo.

a) esté　　b) sea　　c) era

2 **Para terminar, ¿qué tal si jugamos un rato?**
最后，我们来做个游戏吧。

1. Salida.

2. Describe tu habitación.

3. Cuenta tus próximas vacaciones.

4. Pregunta algo a tu compañero de la derecha.

5. ¿Qué has hecho este fin de semana?

6. Dices la verdad.

7. ¿Qué es lo que más te ha gustado del curso?

8. Cuenta tu último viaje.

9. ¿Qué puedes comprar en una farmacia?

10. Habla sobre dos aspectos que te gustan del español.

11. ¿Qué te parece este libro?

12. Dices la verdad.

13. Dos cosas que odias.

14. Describe tu objeto favorito. ¿De qué se trata?

15. Tu cantante favorito.

16. Tu familia.

17. Tu profesor de español.

18. Dices la verdad.

19. El país que más te gusta.

20. Tu casa ideal.

21. Tu mejor viaje.

22. ¿Qué haces normalmente un fin de semana?

23. Tu futuro.

24. Dices la verdad.

25. Tu deporte favorito.

26. Cinco cosas que te gustan de la clase.

27. Preguntas al de la izquierda.

28. Tu película favorita.

29. ¿Qué haces cuando estás resfriado?

30. Tu comida favorita.

31. La lengua más fácil de aprender.

32. Meta.

SALIDA

1
2
3
4
5
6
7
8
9
10
11

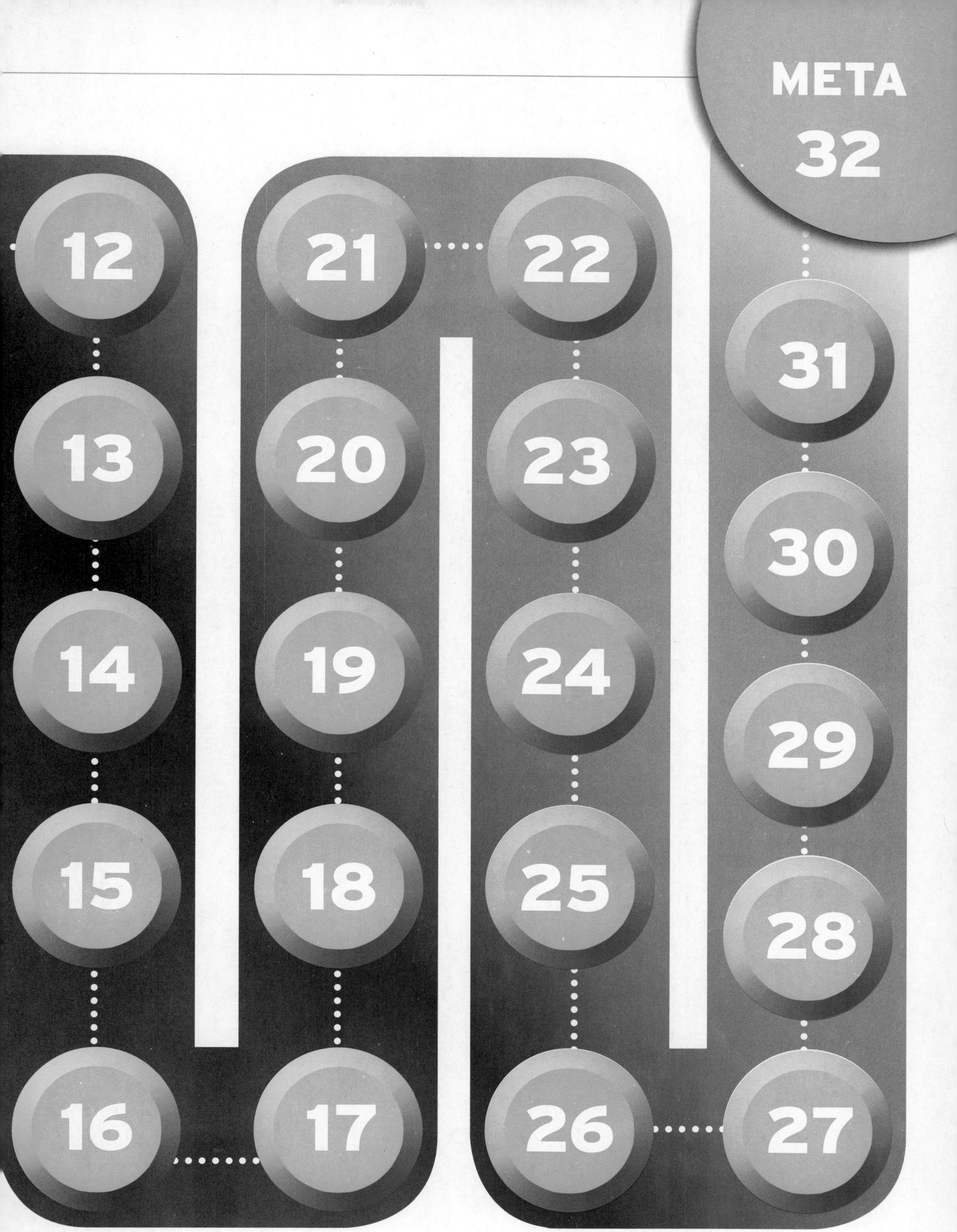

META
32

12

21 ···· 22

13

20

23

31

14

19

24

30

15

18

25

29

16 ···· 17

26 ···· 27

28

115

Soluciones

soluciones

1.

Isabel Allende
Plácido Domingo
Antonio Banderas
Mario Vargas Llosa
Gabriel García Márquez
David Bisbal
Rafa Nadal
Enrique Iglesias

2.

j	☐	ñ	■
z	■	p	■
s	☐	t	☐
r	☐	b	☐
l	■	v	■

3.

a, b, c, e, h, i, k, ll, ñ, o, q, s, t, w, x

4.

A: ¡Hola! ¿Cómo **te llamas?**
B: Me **llamo** Anne, ¿y **tú?**
A: Yo **me llamo** Luis. ¿Cómo **te apellidas?**
B: Stephen, Anne Stephen, ¿y **tú?**
A: López. ¿De dónde eres?
B: **Soy** alemana.
A: Yo **soy** español.

5.

1. argentino / argentina
2. uruguayo / uruguaya
3. mexicano / mexicana
4. venezolano / venezolana
5. peruano / peruana
6. cubano / cubana
7. boliviano / boliviana
8. brasileño / brasileña
9. chileno / chilena

6.

1. mexicano / mexicana
2. italiano / italiana
3. sueco / sueca
4. argelino / argelina
5. turco / turca
6. indio / india
7. inglés / inglesa
8. francés / francesa
9. portugués / portuguesa
10. holandés / holandesa
11. japonés / japonesa
12. irlandés / irlandesa

7.

doce
nueve
cuatro
dieciséis
quince

8.

28 - veintiocho	61 - sesenta y uno
3 - tres	99 - noventa y nueve
12 - doce	49 - cuarenta y nueve
14 - catorce	57 - cincuenta y siete
6 - seis	32 - treinta y dos
15 - quince	79 - setenta y nueve
13 - trece	33 - treinta y tres
11 - once	94 - noventa y cuatro
9 - nueve	81 - ochenta y uno

9.

1. ¿Cuántos años tienes?
2. ¿De dónde eres?
3. ¿Cómo se llaman?
4. ¿Cuántos años tiene?
5. ¿A qué te dedicas?
6. ¿Qué lenguas habláis?
7. ¿A qué os dedicáis?
8. ¿Cómo se llaman?
9. ¿De dónde es?
10. ¿Cómo te apellidas?

10.

1. Español
2. Alemán
3. Italiano
4. Francés
5. Inglés
6. Portugués

11.

Alumno A:
1. sello
2. silla
3. mesa
4. autobús
5. semáforo

Alumno B:
1. banco
2. oficina de Correos
3. buzón
4. carta
5. estación

12.

1. a
2. g
3. b
4. c
5. f
6. e
7. d

1.

1. Hasta luego.
2. Hasta siempre.
3. Hasta mañana.
4. Hola, ¿qué tal?
5. Mire, estos son mis padres.
6. Hola, buenas tardes / días / noches, ¿qué tal está?

2.

1.
A: **¡Hola**, Inés! **¿Qué tal** estás?
B: **Bien,** gracias. ¿Y **tú?**
A: **Muy** bien.

2.
A: Mira, Juan, **esta** es Ana.
B: **¡Hola, Ana! ¿Qué** tal?
C: **Muy bien.**

3.
A: **¿Cómo** está usted?
B: **Bien,** gracias.

4.
A: Adiós, hasta mañana.
B: **Hasta mañana,** buenas noches.

5.
A: Buenos días, **¿es** usted Susana Vergara?
B: Sí, **soy** yo.
A: Me **llamo** Alicia y **soy** la secretaria del señor López.
B: **Encantada.**

3.

1. este; esta
2. estas
3. esta
4. este
5. esta; esta
6. estos
7. este
8. esta
9. estos
10. estos; estos

4.

1. el; 2. ø; 3. la; 4. ø; 5. la; 6. ø; 7. el; 8. la; 9. el; 10. el.

5.

Respuesta libre.

6.

1. Cómo
2. qué
3. Cuántos
4. dónde
5. Cuál
6. qué

7. Cuáles
8. Cómo
9. Cuál
10. Cuántos

7.

a. 2
b. 1
c. 10
d. 3
e. 8
f. 4
g. 6
h. 9
i. 7
j. 5

8.

1. don
2. señorita
3. señor
4. señora
5. doña

9.

Muebles Martínez
c/ Luis Vives, n° 27
C. P. 1602
Buenos Aires

Cocinas Ramón
P.° La Farola, n.° 3
C. P. 28012
Madrid

Hotel Béjar
Avd. Los Escolapios, s/n
C. P. 2313
La Habana

10.

1. ¿Cuál es el número de teléfono del electricista?
2. ¿Cuál es el número de teléfono del museo?
3. ¿Cuál es el número de teléfono del hospital?
4. ¿Cuál es el número de teléfono del taller?
5. ¿Cuál es el número de teléfono de los bomberos?

11.

1.
¿Diga?
Hola, ¿está Luisa?
Sí, soy yo.
Hola, Luisa, ¿qué tal?
2.
¿Diga?
Buenas tardes, ¿está el señor Fernández?

No, no está en este momento.

¡Ah! ¿Tardará mucho?

No, ¿quiere dejarle algún recado?

No, llamo luego.

12.

La segunda es más formal que la primera. Las personas que hablan se tratan de usted y emplean fórmulas convencionales.

13.

Respuesta libre.

14.

secretario
estudiante
médico
profesor
enfermera

15.

M	E	D	I	C	O	J	E	R	A
R	A	H	C	A	H	I	S	E	Z
A	P	Ń	T	S	F	A	T	A	A
Q	R	E	Y	E	O	N	U	A	E
A	O	F	I	C	Z	A	D	R	N
N	F	U	G	R	A	Z	I	E	F
Q	E	B	B	E	L	O	A	Y	E
P	S	V	R	T	V	N	N	T	R
O	O	T	O	A	U	J	T	R	M
A	R	X	R	R	L	Ń	E	A	E
E	N	F	E	I	M	R	R	I	R
Q	P	T	A	O	D	F	H	J	A

LECCIÓN 2

ámbito 1

1.

C	O	R	T	I	N	A	S	E
L	A	V	A	D	O	R	A	S
A	R	M	A	R	I	O	O	T
F	H	U	I	J	K	B	T	A
V	L	O	P	N	U	V	A	N
B	A	Ń	E	R	A	E	O	T
N	I	H	E	J	U	Y	J	E
T	L	I	C	A	M	A	E	R
A	L	Y	T	O	D	N	P	I
N	A	I	A	L	D	E	S	A
A	T	O	A	L	L	A	E	V

2.

1. cuadro
2. fregadero
3. lámpara
4. horno
5. garaje
6. mesilla
7. alfombra
8. tenedor
9. jarra
10. cafetera
11. ducha
12. jabón

3.

puertas; una puerta
unas cortinas
sillas; una silla
unas alfombras
teléfonos; un teléfono
televisiones; una televisión
cuadros; un cuadro
armarios; un armario
unos espejos
sillones; un sillón
duchas; una ducha
lavabos; un lavabo
camas; una cama
fregaderos; un fregadero
frigoríficos; un frigorífico
habitaciones; una habitación

4.

1. la; un
2. unas; los
3. Las
4. Los
5. unas
6. La; la
7. una; el
8. El; el
9. una; la
10. El; la
11. los
12. una
13. Los; el
14. unas

5.

1. En la cocina no hay ningún fregadero.
2. No hay tazas en los armarios.
3. Las botellas no están en la nevera.
4. Los alumnos no están en la clase.
5. ¿No hay cucharas aquí?
6. La cama no está en la habitación.
7. No hay ninguna lámpara en el salón.
8. El coche no está en el garaje.
9. No hay ninguna cafetería en la estación.
10. El cuadro no está en la pared.
11. ¿No están aquí los profesores?
12. Allí no hay ninguna cabina de teléfono.
13. Los ordenadores no están en el aula de informática.
14. ¿No hay carpetas ahí?

6.

1. ¿Dónde está el cuarto de baño?
2. ¿Qué hay en tu dormitorio?
3. ¿Cuántos alumnos hay en el curso de alemán?
4. ¿Cómo es tu apartamento?
5. ¿Dónde están los vasos?
6. ¿Tenéis ascensor?
7. ¿Cuántas habitaciones tiene tu piso?
8. ¿Está muy lejos la universidad del casco antiguo?
9. ¿Cuánto cuesta el mes de alquiler?
10. ¿Dónde viven tus amigos?

7.

SUSTANTIVOS		ADJETIVOS	
armario	ascensor	bonito	barato
cocina	jardín	grande	interior
salón	habitación	pequeño	feo
terraza	bañera	exterior	antiguo
piso	teléfono	precioso	moderno
garaje	cortinas	caro	viejo
			nuevo

8.

Respuesta libre.

9.

Respuesta libre.

10.

Respuesta libre.

11.

1. Cuántos / Dos jóvenes japoneses.
2. Cuántas / Mueren dos personas.
3. Cuántos / Un hombre.
4. Cuántas / Cuatro lenguas.
5. cuántos / A ocho estudiantes extranjeros.
6. cuántas / A ocho personas.
7. Cuántas / 35 nuevas páginas web.
8. Cuántas / Dos mujeres.

12.

como	ceno
comes	cenas
come	cena
comemos	cenamos
coméis	cenáis
comen	cenan

desayuno	escribo
desayunas	escribes
desayuna	escribe
desayunamos	escribimos
desayunáis	escribís
desayunan	escriben

bebo	leo
bebes	lees
bebe	lee
bebemos	leemos
bebéis	leéis
beben	leen

13.

1. se levanta
2. se ducha
3. te duchas
4. nos ponemos
5. me llamo
6. se apellida
7. te levantas
8. se va
9. me lavo
10. se apellida

14.

Respuesta libre.

15.

8:10
12:45
9:25
1:20
5:55

16.

1. Son las diez y cuarto.
2. Son las cuatro en punto.
3. Son las doce y diez.
4. Es la una y media.
5. Son las doce menos cinco.
6. Son las seis menos cuarto.

1.

	P				G			
B	O	L	I	G	R	A	F	O

P				G							D
B	O	L	I	G	R	A	F	O		
T	I	Z	A		M	O	C	H	I	L	A
	L	A	P	I	Z		A				C
L	I	B	R	O							C
	C	A	R	P	E	T	A				I
	C	U	A	D	E	R	N	O			O
											N
											A
											R
											I
											O

2.

Respuesta libre.

3.

a) debajo; b) delante
c) dentro; d) entre

H	D	E	T	R	A	S
E	E	E	T	F	A	I
N	L	O	N	J	U	T
F	A	F	G	T	D	A
R	N	J	V	L	R	M
E	T	V	A	H	T	O
N	E	N	T	R	E	Ñ
T	G	E	T	J	I	N
E	D	E	B	A	J	O

4.

1. la; una
2. un; la
3. Los; la
4. La; la
5. los
6. un; la
7. un
8. Los
9. El; la
10. la; los

5.

1. están
2. Hay
3. hay
4. está
5. está
6. están
7. Hay
8. está
9. hay
10. están
11. hay
12. está

6.

Posibles respuestas

¿Está mi mochila aquí?
¿Hay tizas en la clase?
¿Están los alumnos en la clase?
¿Están los libros al lado de la puerta?
¿Hay un bolígrafo debajo de la mesa?
¿Está mi diccionario ahí?

7.

1. No, no hay.
2. Está entre el armario y la cama.
3. Están debajo de la cama.
4. Hay dos gafas. Están sobre la mesilla y sobre la alfombra.
5. Sí, está enfrente de la cama.
6. No, está al lado de la cama / está delante de la cama.
7. Está encima de la cama.

8.

1. **Es** viejo y bastante gordo. **Tiene** el pelo corto. **Es** bajo y feo. **Tiene** bigote y **lleva** gafas.
2. **Tiene** el pelo rubio. **Es** joven, alta y muy guapa. **Lleva** sombrero.
3. **Es** moreno. **Tiene** el pelo corto. **Es** muy guapo. **Lleva** gafas. **Es** alto y gordito.

9.

1. Es
2. Lleva
3. Tiene
4. Es
5. pelo
6. es
7. Lleva
8. es
9. Tiene
10. pelo

Ana, Juan, Eduardo, Isabel, Andrés, Rebeca, Raquel.

10.

Respuesta libre.

11.

1. joven
2. delgado
3. alto
4. largo
5. rubio
6. guapo

12.

Respuesta libre.

13.

La **c**asa **q**ue tiene **C**arolina está en el **c**as**c**o viejo de la **c**iudad. Es pe**q**ueña, pero muy a**c**ogedora. Está en una **z**ona muy tran**q**uila, **c**er**c**a de un par**q**ue.
Carolina vive en la **c**alle **C**ifuentes. Es una **c**alle muy **c**omer**c**ial. Hay un supermer**c**ado, una farma**c**ia, un **q**uios**c**o, una ofi**c**ina de **C**orreos y mu**c**has más **c**osas. También, **c**er**c**a de su **c**asa hay una pla**z**a muy famosa.

1.

1. médica; 2. mecánica; 3. secretaria; 4. bombera; 5. cantante; 6. peluquera; 7. enfermera; 8. arquitecta; 9. periodista; 10. futbolista.

2.

1. enfermera-hospital
2. futbolista-campo de fútbol
3. secretaria-oficina
4. camarero-bar
5. mecánico-taller
6. dependiente-supermercado
7. ama de casa-casa
8. peluquero-peluquería
9. periodista-periódico
10. policía-comisaría
11. profesor-colegio

3.

1. un	6. un
2. una	7. una
3. un	8. una
4. una	9. un
5. un	10. un

4.

1. **A:** ¿Qué hace Ana? ¿Dónde trabaja Juan? ¿Qué hace Antonio?
   B: Ana es profesora: Juan trabaja en un hospital. Antonio es cocinero.
2. **B:** ¿Dónde trabaja Ana? ¿Qué hace Juan? ¿Dónde trabaja Antonio?
   A: Ana trabaja en un colegio. Juan es médico. Antonio trabaja en un restaurante.

5.

5.1.

P	A	D	R	E	H	J	E	R	A
R	A	H	C	A	I	T	O	E	Z
A	P	Ñ	T	E	J	A	T	I	A
Q	R	E	Y	V	O	N	Ñ	A	D
A	I	F	H	N	Z	A	I	R	O
N	A	D	G	H	A	Z	N	E	S
Q	A	B	U	E	L	O	E	Y	O
A	X	V	R	R	V	N	U	T	B
O	B	T	O	M	U	J	E	R	R
A	C	X	R	A	L	Ñ	S	A	I
E	D	C	Q	N	T	U	I	O	N
Q	P	T	A	O	D	F	H	J	A

5.2.

1. padre	5. mujer
2. hijo	6. nieta
3. tía	7. abuelos
4. hermano	8. sobrina

5.3.

Masculino	Femenino	Singular	Plural
padre	tía	padre	abuelos
hijo	mujer	hijo	
hermano	nieta	hermano	
abuelos	sobrina	tía	
		mujer	
		nieta	
		sobrina	

6.

1. Tiene 24 años.
2. ¿Tienes hermanos?
3. Es periodista.
4. ¿Quién es este?
5. No, estoy casada.
6. No, no tengo.
7. ¿Tus padres están divorciados?

7.

Respuesta libre.

8.

1. Cuántos	5. Quiénes
2. qué	6. Dónde
3. Cómo	7. Cuántos
4. Quién	8. qué

9.

a. 7.	e. 3.
b. 1.	f. 8.
c. 2.	g. 6.
d. 4.	h. 5.

10.

1. El hijo de mi hermano es mi sobrino.
2. La hermana de mi padre es mi tía.
3. La madre de mi madre es mi abuela.
4. Mi hermano no está casado, está soltero.
5. La hija de mi madre es mi hermana.
6. El hijo del hermano de mi padre es mi primo.

11.

1. trabaja	6. lavamos
2. bebo	7. compra
3. anda	8. habláis
4. come; come	9. escribe
5. viven	10. cantas

12.

1. dice
2. sueñas
3. dormimos
4. prefiero; prefiere
5. se acuesta
6. vuela
7. miente
8. empezáis
9. se sienta
10. viste

13.

ir	voy	vas	va	vamos	vais	van
entrar	entro	entras	entra	entramos	entráis	entran
hacer	hago	haces	hace	hacemos	hacéis	hacen
dormir	duermo	duermes	duerme	dormimos	dormís	duermen
levantarse	me levanto	te levantas	se levanta	nos levantamos	os levantáis	se levantan
poner	pongo	pones	pone	ponemos	ponéis	pone

14.

Los señores Martínez **van** al cine los domingos. Todos los días **trabajan** ocho horas. **Comen** en un restaurante, pero **cenan** en casa. Después, **ven** la televisión o **escuchan** la radio. A las doce **se acuestan. Se levantan** temprano.

15.

1. Por la tarde / Carmen monta en bicicleta por la tarde a las cinco menos cuarto.
2. Por la mañana / Carmen lee el periódico por la mañana a la una y veintidós.
3. Por la tarde / Carmen ve la televisión por la tarde a las seis y cinco.
4. Por la mañana / Carmen come por la mañana a las dos y media.
5. Por la noche / Carmen va de copas por la noche a las once y media.

16.

Los Rodríguez **se levantan** a las ocho y media, **se duchan** en diez minutos; después, **desayunan.**
Los Rodríguez **trabajan** juntos en una empresa de coches. **Entran** al trabajo a las nueve y media. A las doce y cuarto descansan, **beben** un refresco y se **comen** un bocadillo. A la una menos cuarto continúan con su trabajo hasta las tres y media. Van a su casa, allí **hacen** la comida y **comen** a las cuatro. Duermen la siesta hasta las cinco y diez. Juntos **compran** en un supermercado todo lo necesario para la comida del día siguiente. Después **van** a ver una película al cine.

ámbito ❷

1.

1. mayo
2. octubre
3. abril
4. marzo
5. diciembre
6. noviembre
7. julio
8. febrero
9. junio
10. enero
11. agosto
12. septiembre

2.

Los carnavales **son** muy divertidos, sobre todo en la zona de Los Próceres. Aquellas lindas carrozas de colores **vienen** por

A las diez y veinte regresan a su casa, **cenan** y **se sientan** a ver la televisión; les gustan los programas de concurso.
Por la noche **leen** un libro o **escuchan** la radio antes de dormir. **Se acuestan** a las doce y media, pero antes **friegan** los platos y **lavan** la ropa.

17.

Posibles respuestas
a. A veces leo mientras hago la compra.
b. Siempre me lavo las manos antes de comer.
c. A veces como con mis amigos los domingos.
d. Normalmente voy a clase en autobús.
e. Nunca viajo en globo.

18.

A	G	S	U	P	E	R	M	E	R	C	A	D	O
J	K	F	S	E	Y	B	J	L	Ñ	O	P	W	S
S	T	F	B	B	V	N	M	M	J	L	P	Q	F
U	A	P	R	F	F	T	X	R	J	E	W	W	H
I	L	O	T	B	Y	F	C	Y	Y	G	E	E	G
H	L	I	G	H	A	H	V	T	T	I	R	R	Ñ
O	E	U	O	I	K	R	B	U	H	O	Y	Y	P
S	R	Y	S	J	L	J	N	P	J	W	Y	Y	I
P	G	T	E	T	Ñ	O	F	I	C	I	N	A	P
I	F	R	I	W	P	K	M	A	O	L	I	I	P
T	D	C	O	M	I	S	A	R	I	A	O	O	O
A	S	E	U	Z	O	L	Ñ	S	P	Ñ	P	P	L
L	A	W	G	S	A	Ñ	P	Z	Ñ	P	Ñ	Ñ	L

19.

```
            2
            M
  1 M E C Á N I C A
        3 D E P E N D I E N T A
4 P O L I C Í A
      5 S E C R E T A R I O
      6 P R O F E S O R
```

la avenida Sucre y **terminan** aquí, en La Silsa. Las carrozas **desfilan** por toda la ciudad de Caracas. Muchas personas **se disfrazan** de personajes famosos: supermán, arlequín, cocineros, etc., y se **elige** a la reina del carnaval. La fiesta **está** por todas las calles, en cada plaza **hay** una verbena. Por ser un día festivo, la gente **come** fuera de casa. Todos los caraqueños **se divierten** hasta el amanecer.

3.

8 de enero, 23 de febrero, 5 de marzo, 24 de abril, 18 de mayo, 26 de junio.

Posibles respuestas

- Laura nunca cena sola. A menudo, cena a las 21.15.
- Laura siempre come con su madre a las 14.15.
- Laura normalmente compra en el supermercado, pero nunca compra a la misma hora.
- Laura a veces va al dentista. Siempre va a las 9.30.
- Laura a menudo duerme la siesta a las 16.00.
- Laura a veces va al cine o al teatro por la noche. Suele ir a las 22.30.
- Laura a menudo limpia la casa. Normalmente limpia la casa a las 12.00.

4.

Respuesta libre.

5.

1. nos	3. les	5. te	7. nos	9. les
2. Le	4. Os	6. me	8. le	10. Te

6.

Posibles respuestas

- Ana es directora. Trabaja en una empresa. Suele viajar mucho, pero odia el avión.
- Andrés es banquero. Dirige un banco. Suele viajar mucho y le gusta el avión.
- Carlos es fontanero. Suele trabajar en casas particulares. Nunca usa el metro.
- Carmen es profesora. Da clases en un colegio y vive cerca de él.
- Raúl es profesor de gimnasia. Da clases en el mismo colegio que Carmen. Suele ir corriendo a clase porque es muy deportista.

6.1. Respuesta libre.

7.

Respuesta libre.

8.

Respuesta libre.

9.

Respuesta libre.

10.

Respuesta libre.

11.

1. parra	6. gorro
2. tara	7. grana
3. raro	8. pero
4. corro	9. piedra
5. barra	

12.

1. ratón	7. puerro
2. subrayar	8. regla
3. barro	9. enredar
4. rápido	10. correr
5. israelí	11. repetir
6. perro / pero	12. reír

13.

mano   mamá   nado   nana

14.

canto   cambio   también   tampoco

15.

Quise **coger** la **flor**
más tierna del **rosal,**
pensando que de amor
no me podría pinchar,
y **mientras** me pinchaba
me enseñó una cosa
que una rosa es una rosa...

LECCIÓN 4

ámbito 1

1.

cepillo: 4
estropajo: 1
trapo: 8
sartén: 1 y 7

plancha: 6
cesta de la compra: 3
lavadora: 5
pinzas: 2

2.

- fregona: instrumento que sirve para fregar el suelo.
- cepillo: instrumento para barrer el suelo.
- trapo: tela que utilizamos para limpiar el polvo de los muebles de madera.
- pinza: pieza de madera o plástico que sirve para sujetar la ropa en el tendedero.
- tendedero: dispositivo donde se cuelga la ropa después de lavarse.
- sartén: recipiente para cocinar con aceite.
- plancha: aparato eléctrico que sirve para planchar la ropa.
- estropajo: trozo de fibra vegetal o sintética que se suele usar para limpiar con agua y jabón los platos.

3.

1. ¿Cuántas veces limpias los cristales?
2. ¿Sales con tus amigos los domingos por la mañana?
3. ¿Qué sueles hacer los domingos?
4. ¿Qué haces después de ducharte?

5. ¿Qué hacen tus padres los fines de semana?
6. ¿Por qué viajas al sur?
7. ¿Cuántas veces cocinas?
8. ¿Qué tareas de la casa te gustan?
9. ¿Qué haces después de cenar?
10. ¿Corres todos los días?

4.

1. Termina
2. Friega
3. Haz
4. Baja
5. Saca
6. Pon
7. Plancha
8. Pregunta
9. Escribe
10. Lee

5.

1. Lo quiero.
2. Lo odio.
3. Lo bebo.
4. La veo.
5. Ponla.
6. Ábrela / La abre.
7. Hazla.
8. Las leemos.
9. La escuchan.
10. La comes.

6.

Limpiar / los cristales
Hacer / la cama
Abrir / la ventana o la puerta
Cerrar / la ventana o la puerta
Bajar / la basura o al perro
Sacar / la basura o al perro
Poner / la lavadora
Pedir / el número de teléfono de Juan

6.1. **Posibles respuestas**

¿Limpio los cristales? Sí, límpialos.
¿Hago la cama? Sí, hazla.
¿Abro la ventana? Sí, ábrela.
¿Cierro la puerta? Sí, ciérrala.
¿Bajo la basura? Sí, bájala.
¿Saco al perro? Sí, sácalo.
¿Pongo la lavadora? Sí, ponla.
¿Pido el número de teléfono de Juan? Sí, pídelo.

7.

2. 4 030 000
4. 235 000
6. 14 300 000
8. 325 000

8.

1. Dos mil.
2. Ochenta y siete mil novecientos cincuenta y seis.
3. Cinco mil cuatrocientos treinta y seis.
4. Trescientos cuarenta y cinco.
5. Dos mil trescientos cuarenta y seis.
6. Dos millones trescientos cuarenta y ocho mil setecientos sesenta y cinco.

9.

1. manzanas, tomates, lechuga, peras, patatas.
2. merluza, gambas, mejillones, sardinas.
3. pollo, chorizo, filetes de ternera, hamburguesas, salchichas.
4. magdalenas, pan.
5. queso, mantequilla, arroz, pasta, café.
6. todo.

10.

azúcar / un paquete de
leche / un litro de; una botella de
pan / una barra de
aceite de oliva / una botella de; un litro de
tomates / un kilo de
atún / una lata de; un kilo de
zumo / una botella de
queso / un trozo de
huevos / una docena de
harina / un paquete de
patatas / un kilo de; una bolsa de
vino / una botella de
arroz / un paquete de

11.

El más caro es la merluza y el más barato, los boquerones.

12.

1. mucho
2. muy
3. mucha
4. muchos
5. muy
6. muy
7. muchas / mucho
8. muy
9. muy
10. mucho

13.

1. gusta
2. gustan
3. gustan
4. gusta
5. gusta
6. gusta
7. gustan
8. gusta
9. gustan
10. gusta

14.

1. A Nuria y a mí no nos gusta ver la televisión.
2. A nosotros no nos gustan los trajes oscuros.
3. A José no le gustan las casas pequeñas.
4. A Pedro y a Cristina no les gusta Sevilla.
5. A Laura no le gusta comer la carne poco hecha.
6. A vosotros no os gusta la camisa de cuadros.
7. A mí no me gustan las películas de aventuras.
8. A ti no te gusta ese chico.
9. A mi hermana y a mi madre no les gustan los sofás rojos.
10. A los turistas no les gusta la comida española.

15.

1. me
2. le
3. te
4. me; me
5. le
6. te
7. le

16.

1. nos
2. nos
3. os
4. les
5. os
6. les
7. les

17.

1. nos
2. les
3. te
4. os
5. me
6. le
7. nos
8. os
9. le
10. le

18.

Respuesta libre.

19.

Respuesta libre.

20.

Respuesta libre.

21.

Vamos a ver… Necesito el bañador, algunas camisetas y un par de pantalones cortos. También me llevo una chaqueta, porque puede hacer frío por la noche. Ahora… las zapatillas cómodas y las gafas de sol. Yo creo que está todo. ¡Ah! Y una toalla.

A la playa.

22.

cuadros – 5
rayas – 1
liso – 2
lunares – 6
rombos – 3
flores – 4

23.

1. los
2. la
3. las
4. lo
5. lo
6. las

ámbito ❷

1.

femeninos	masculinos
la cabeza	el pie
la espalda	el hombro
la mano	el brazo
la pierna	el ojo
la oreja	el codo
la boca	el diente
la rodilla	el tobillo
la cintura	el cuello
la nariz	el dedo
la muela	el estómago
la cadera	

2.

b.

3.

Respuesta libre.

4.

1. Los **oídos** están en el interior de las orejas.
2. Los **hombros** están entre el cuello y los brazos.
3. Los **pulmones** sirven para respirar y están en el interior del pecho.
4. La **garganta** está en el interior del cuello.
5. La **cintura** está en medio del cuerpo, y es donde nos ponemos el cinturón.
6. Las **caderas** están a los lados del cuerpo, debajo de la cintura y encima de las piernas.
7. El **estómago** está en el interior del cuerpo, entre la cintura y el pecho.

8. La **muñeca** está entre la mano y el brazo.
9. La **pantorrilla** es la parte inferior de la pierna.
10. El **muslo** es la parte superior de la pierna.
11. La **rodilla** está entre el muslo y la pantorrilla.
12. El **talón** está en la parte de detrás del pie.
13. El **tobillo** está entre el pie y la pierna.
14. El **codo** está entre la mano y el brazo.
15. Los **riñones** están en el interior del cuerpo, entre la cintura y la cadera, pero por detrás.

5.

Me duele   la cabeza, el estómago, la espalda.
Me duelen   los pies, los oídos, los hombros.

6.

(a mí)	me	duele(n)	la(s) muela(s)
(a ti)	te	duele(n)	la(s) muela(s)
(a él / a ella / a usted)	le	duele(n)	la(s) muela(s)
(a nosotros / a nosotras)	nos	duele(n)	la(s) muela(s)
(a vosotros / a vosotras)	os	duele(n)	la(s) muela(s)
(a ellos / a ellas / a ustedes)	les	duele(n)	la(s) muela(s)

7.

1. tengo
2. Estoy
3. Tengo
4. tengo
5. Estoy
6. estoy
7. tengo
8. estoy
9. Estoy

8.

1. muy
2. muchas
3. muy
4. mucho
5. muy
6. muy
7. muy
8. mucho
9. muy
10. mucho

9.

A: ¡Hola, Teresa! ¿Qué tal? ¿Cómo **estás / te encuentras?**

B: Regular. **Me duele** el estómago. Es que tomo mucho café y mucho chocolate.

A: Pues el café y el chocolate son muy malos para el estómago. Toma té y fruta.

B: Es que no **me gustan.**

A: ¿En serio no **te gustan?** Pues a mí **me encantan.**

10.

1. Me encuentro / me siento / estoy regular.
2. Me encuentro / me siento / estoy mal.
3. Me encuentro / me siento / estoy fatal.
4. Me encuentro / me siento / estoy bien.

11.

1. **A:** ¿Qué tal estás?
   B: ¡Uf! Tengo mucho trabajo y estoy agotado.

2. **A:** ¿Qué te pasa?
   B: Me duele mucho la cabeza y tengo fiebre.
   A: Yo creo que tienes gripe.

3. **A:** ¡Qué horror! Ya es primavera.
   B: ¿Qué te pasa? ¿Tienes alergia?
   A: Sí.

4. **A:** ¿Qué tal? ¿Cómo estás?
   B: Fatal. Me duele mucho el cuello. No puedo mover la cabeza.
   A: ¡Ah! Entonces tienes tortícolis.
   B: Pues sí, eso parece.

1. Está agotado porque tiene mucho trabajo.
2. Le duele mucho la cabeza y tiene fiebre porque tiene gripe.
3. Se queja porque tiene alergia.
4. Le duele mucho el cuello y no puede mover la cabeza porque tiene tortícolis.

12.

pasar	pasa	pase
desabrocharse	desabróchate	desabróchese
sentarse	siéntate	siéntese
toser	tose	tosa
respirar hondo	respira hondo	respire hondo
abrir la boca	abre la boca	abra la boca
tumbarse	túmbate	túmbese
levantar los brazos	levanta los brazos	levante los brazos

13.

TÚ	USTED
no levantes los brazos	no se desabroche
no respires hondo	no pase
no te desabroches	no abra la boca
no te sientes	no se tumbe
no pases	no respire hondo
no abras la boca	no se siente
no te tumbes	no levante los brazos

14.

Posibles respuestas

andar; no fumar; salir al campo; ir a la playa; comer verdura; no comer grasas; hacer deporte; darse una crema; tomarse un jarabe; hacerse unos análisis; tomarse una manzanilla

15.

Respuesta libre.

16.

a) Para curar la afonía causada por un resfriado.
b) Tres: una clara de huevo, el zumo de un limón y una cucharada de miel.
c) No.

17.

Respuesta libre.

18.

Respuesta libre.

19.

Posibles respuestas

Para ir a la playa hay que llevar bañador, gafas de sol, toalla, camiseta, pantalón corto, bronceador, zapatillas, gorra, biquini, sombrilla.

Para ir a la montaña hay que llevar jersey, chubasquero, botas, cazadora, calcetines, cámara de fotos, gorro, mochila, pantalón largo, cantimplora.

20.

A: Consulta del doctor García, buenos días.
B: Hola, buenos días. **Quería pedir cita** para esta tarde.
A: Un momento, por favor. Para esta tarde es imposible, está todo completo. ¿Puede venir mañana?
B: Sí, muy bien.
A: ¿A qué hora **le viene bien?**
B: Pues por la mañana, **a primera hora,** sobre las nueve, más o menos.
A: ¿A las nueve y media?
B: Muy bien, a esa hora **me viene bien.**
A: Bueno, entonces mañana a las nueve y media, ¿de acuerdo?
B: De acuerdo. Gracias, hasta mañana.
A: Adiós.

21.

Consulta del doctor González, dígame.
Buenas tardes. Quería pedir cita para hoy.
Un momento, por favor, ¿le viene bien a las seis y media?
Muy bien, a esa hora me viene bien.
Bueno, entonces, hoy a las seis y media, ¿de acuerdo?
De acuerdo. Muchas gracias. Adiós.
Adiós.

22.

Posibles respuestas

€ # 94,36 #. Páguese por este cheque **al portador.** Euros **noventa y cuatro con treinta y seis.**
En **Madrid** a **7** de **febrero** de **2014.**

LECCIÓN 5

ámbito 1

1.
1. falso
2. verdadero
3. verdadero
4. falso
5. falso
6. verdadero

2.
1. avión (único transporte no terrestre).
2. paracaidista (no presta servicios en un medio de transporte).

3.

avión / aire
barco / mar
tren / raíl

autobús / carretera
bicicleta / carril

4.

Respuesta libre.

5.

Posibles respuestas
1. La próxima semana voy a comprarme varios discos de flamenco.
2. El mes que viene voy a leer un libro de Muñoz Molina.
3. Mañana voy a comer tortilla de patatas y pimientos asados.
4. El sábado próximo voy a reunirme con mis amigos.
5. El verano que viene voy a ir de vacaciones a Quito.

6.

Querida Laura:
Esta ciudad **es** muy bonita. **Está** en el centro de España y **es** muy famosa por sus murallas. **Está** muy cerca de Madrid y de Salamanca. **Es** muy pequeña y tranquila. Tiene muchas iglesias y monumentos porque **es** muy antigua. La gente **es** muy amable. El único problema **es** que casi siempre hace frío.

7.
1. mucho
2. muy
3. poco; mucho
4. mucho
5. pocos
6. mucho
7. mucho
8. mucho
9. poco; muy
10. mucha

8.

Respuesta libre.

9.

Respuesta libre.

10.
1. montaña
2. continente
3. río
4. meseta
5. desierto
6. isla

11.
1. farmacia
2. comisaría
3. cine
4. supermercado
5. gasolinera

12.
1. Sigue todo recto y al final de la calle Cisneros gira a la izquierda.
2. Sigue todo recto y gira la segunda a la izquierda.
3. Sigue todo recto y gira la primera a la derecha.
4. Sigue todo recto y gira la tercera calle a la derecha.

13.
1. **Perdona,** ¿hay un **cine** por aquí?
   Sí, **al final de la calle.**
   Gracias.
2. ¿**Está lejos** el hospital?
   No, **a unos cinco minutos** andando.
3. Por favor, ¿**la calle Segovia?**
   Sigue todo recto y **gira a la izquierda.**
4. Oiga, **perdone,** ¿dónde **está** la oficina de Correos?
5. **Oye,** perdona, ¿**el Banco Central** está **por aquí?**
   Sí, **enfrente del** Ayuntamiento.
6. ¿**Hay** una cafetería **cerca** de la universidad?
   No, no la hay.

14.

Tienes que
Tienes que
Tienes que
Tienes que

Hay que
Hay que
Hay que
Hay que

15.

al cuaderno

ámbito 2

1.

Respuesta libre.

2.

Perdona si te llamo amor
Los amantes pasajeros
Lo imposible

Celda 211
El niño
Rastros de sándalo

3.

Título: *Todo sobre mi madre.*
Director: Pedro Almodóvar.
Actores: Cecilia Roth, Penélope Cruz, Marisa Paredes, Antonia San Juan, Rosa María Sardá, Candela Peña y Toni Cantó.

Argumento:
Una mujer, tras la pérdida de su único hijo en un accidente de tráfico, decide reencontrarse con un pasado que dejó de forma violenta en la ciudad de Barcelona. Allí se irá viendo cuál es la historia de esta mujer.

4.

Perdona si te llamo amor: Romántico; *Los amantes pasajeros:* Comedia; *Lo imposible:* Drama; *Celda 211:* Drama, acción; *El niño:* Drama; *Rastros de sándalo:* Drama.

5.

Respuesta libre.

6.

Respuesta libre.

7.

leer, corregir exámenes, tocar el piano, parque

8.

A	B	G	F	U	T	B	O	L	K	O	R
R	T	Y	Y	U	I	P	O	T	G	H	H
F	B	A	L	O	N	C	E	S	T	O	J
V	Q	W	D	S	Z	C	T	Y	I	P	M
C	A	S	R	R	T	O	R	A	D	A	N
I	E	O	I	H	Ñ	R	L	K	J	Ñ	B
C	Y	S	U	I	O	R	R	Y	Y	U	T
L	L	Q	Q	W	R	E	T	Y	K	L	Ñ
I	A	S	D	U	F	R	G	H	Y	U	O
S	K	Ñ	P	O	I	U	T	W	R	E	Q
M	D	F	G	H	J	A	Y	R	I	P	O
O	P	Ñ	B	M	F	T	R	U	W	Q	S

9.

1. os
2. le
3. le
4. me

5. nos
6. te
7. les

10.

1. le. Respuesta libre.
2. les. Respuesta libre.
3. le / les. Respuesta libre.

4. le / les. Respuesta libre.
5. le. Respuesta libre.
6. le. Respuesta libre.

11.

1. Le gusta…, pero odia…
2. Nos gusta…, pero odiamos…
3. Os gusta…, pero odiáis…
4. Les gusta…, pero odian…
5. Te gusta…, pero odias…
6. Me gusta…, pero odio…

12.

1. A mí tampoco.
2. A él también.
3. A vosotros también.
4. A nosotros tampoco.

5. A mí también.
6. A nosotros tampoco.
7. A Sara también.
8. A ella también.

13.

1. me
2. le
3. no nos
4. no le
5. os

6. no te
7. no nos
8. les
9. no os
10. no le

14.

-AR	-ER	-IR
cenando	comiendo	escribiendo
bailando	leyendo	durmiendo
cantando	poniendo	conduciendo
cocinando		viviendo
montando		vistiéndose
duchándose		

15.

Posibles respuestas

La madre está poniendo la mesa.
El padre está barriendo el suelo.
El hijo está limpiando los cristales.
La hija está jugando.
El abuelo está viendo la televisión.
La abuela está leyendo el periódico.
El perro está durmiendo.

16.

1. muy
2. muchas / pocas
3. muy
4. mucho
5. mucha; poca

6. muy
7. muy
8. mucho; mucho
9. muy /muchos
10. mucho

17.

A: Hola, buenas tardes. **¿Qué va a tomar** de primero?
B: Buenas tardes. Pues… sopa de verduras.
A: **¿Y de segundo?**
B: ¿Qué tal es la ternera?
A: Muy buena. Es nuestra especialidad.
B: Entonces ternera.
A: ¿Le gusta **muy** hecha o **poco** hecha?
B: **Muy** hecha, por favor.
A: Para beber tenemos agua, cerveza, refrescos y vino tinto.
    ¿Qué **prefiere?**
B: Vino tinto.
A: Muy bien, gracias.
B: A usted.

B: **¿Me trae** un poco más de vino, por favor?
A: Sí, un momento.

A: **¿Qué va a tomar** de postre?
B: No sé. ¿Qué tienen?
A: Helado de vainilla, yogur, flan, arroz con leche y natillas.
B: **Prefiero** helado.
A: **¿Va a tomar** café?
B: Sí, uno con leche.

B: Por favor, **¿me trae** la cuenta?
A: Sí, claro, aquí tiene, son 10,82 euros.

18.

Camarero, por favor, ¿me trae un… / una…?	Camarero, por favor, ¿me trae (un poco de)…?
una servilleta un tenedor una cuchara una cucharilla un cuchillo una jarra de cerveza una copa un plato una botella de vino una botella de agua una vaso de leche una infusión / una taza de té un café / una taza de café	pan sal aceite vinagre pimienta mayonesa vino agua leche

19.

Camarero, por favor, ¿me trae otro… / otra…	Camarero, por favor, ¿me trae más… / un poco más de…
otra servilleta otro tenedor otra cuchara otra cucharilla otro cuchillo otra jarra de cerveza otra copa otro plato otra botella de vino otra botella de agua otro vaso de leche otra infusión / otra taza de té otro café / otra taza de café	pan sal aceite vinagre pimienta mayonesa vino agua leche

LECCIÓN **6**

ámbito **1**

1.

1. restaurante
2. colegio
3. estanco
4. peluquería
5. oficina de Correos
6. banco
7. comisaría
8. agencia de viajes

2.

restaurante: camarero/a
colegio: profesor/a
estanco: dependiente
peluquería: peluquero
oficina de Correos: cartero
banco: empleado de banca
comisaría: policía
agencia de viajes: agente de viajes

3.

Posibles respuestas

1. ¿Puedes traerme un café con leche?
2. ¿Puede explicarme el imperativo?
3. ¿Puede darnos un formulario para solicitar el abono transporte?
4. ¿Puede cortarme el pelo a media melena?
5. ¿Puedo certificar este paquete?
6. ¿Podemos cambiar dinero?
7. ¿Puedo denunciar un robo?
8. ¿Puedes darme un catálogo de viajes?

4.

Posibles respuestas

1. ¿Puedo mirar un folleto? Sí, mírelo, mírelo.
2. ¿Puedo poner la televisión? Sí, ponla.
3. ¿Puedes dejarme dos euros? No, no tengo dinero.
4. ¿Puedo pagar con tarjeta? Sí, claro.

5.

1
A: ¿Puedo llamar por teléfono?
B: Sí, por supuesto…, llama, llama.
2
A: ¿Puedes bajar el perro al parque?
B: Lo siento, estoy muy ocupado.
3
A: ¿Puedes dejarme el coche? El mío está estropeado.
B: Sí, coge las llaves, están en la entradita.
4
A: Disculpe. ¿Puedo probarme este pantalón?
B: Por supuesto…, pase al primer probador.
5
A: ¿Puedes regar las plantas?
B: Sí, ahora mismo las riego.

	permiso	favor
1.	×	
2.		×
3.		×
4.	×	
5.		×

6.

1. Sí, léelo.
2. Sí, sal a la calle.
3. No, no puedes abrirla.
4. Sí, puedes encenderla.
5. No, no puedes cerrarla.

7.
1. Foto: Vela.
2. Foto: Tomates.
3. Foto: Plantas.
4. Foto: Habitación.
5. Foto: Revistas.

8.
1. Ponla.
2. Enciéndela.
3. Tómalos.
4. Míralo.
5. Ábrela.

9.
1. ¿Puedes dejarme el libro de gramática?
j. No, no puedo, es que tengo que estudiar.
2. ¿Puedo ayudarle en algo?
b. Sí, puede ayudarme. Quiero un jersey azul.
3. ¿Puede cerrar la puerta del ascensor?
g. Sí, ahora la cierro.
4. ¿Puedes apagar la televisión?
f. No, es que estoy viendo una película.
5. ¿Puedo abrir la ventana?
e. Sí, ábrala.
6. ¿Puede cambiarme este billete?
h. No, no puedo cambiárselo.
7. ¿Puedes recogerme el correo?
c. Sí, puedo recogértelo.
8. ¿Puedo sentarme en la silla?
i. Lo siento, está ocupada.
9. ¿Puedes darme fuego
a. Lo siento, no fumo.
10. ¿Puedes bajar la música?
d. Sí, ahora mismo la bajo.

10.
Posibles respuestas
1. No, no puedo, es que mañana tengo un examen.
2. Sí, claro que sí. Ahora te los doy.
3. No, no puedo porque se lo ha llevado mi hermano.
4. No, no puedo porque no voy a ir. He quedado con unos amigos.
5. Sí, está dentro de mi mochila.

11.
Respuesta libre.

12.
1.
A: Miguel, Miguel… ¿No me oyes?
B: Lo siento, pero estoy muy nervioso. Ahora mismo tengo un examen de gramática.
A: ¡Suerte!
2.
A: ¡Hola! ¿Qué tal?
B: Mal, me duelen la cabeza, la garganta…; tengo que ir al médico.
A: Vaya por Dios.
3.
A: ¿Has engordado?
B: Sí, es que he dejado de fumar, y ahora… tengo que adelgazar. ¿Qué te parece?
A: Muy bien, me alegro de que no fumes.

4.
A: ¿Qué te pasa? Tienes mala cara.
B: Estoy muy preocupado.
A: ¿Por qué?
B: Porque mañana tengo que hablar en público.
A: No te preocupes.
5.
A: ¡Increíble! No aguanto más… Solo trabajo, trabajo…
B: No te enfades.
A: Estoy enfadado, mañana tengo que trabajar más horas de lo normal.

	¿Qué le pasa?	Tiene que…
1.	Está muy nervioso.	Tiene que hacer un examen.
2.	Está enfermo.	Tiene que ir al médico.
3.	Está muy gordo.	Tiene que adelgazar.
4.	Está preocupado.	Tiene que hablar en público.
5.	Está enfadado.	Tiene que trabajar más horas.

13.
1. carnicero
2. escritor
3. informático
4. traumatólogo
5. panadero
6. militar
7. estudiante
8. cocinero
9. policía
10. actor

14.

agudas	llanas	esdrújulas
escri**tor**	carni**ce**ro	infor**má**tico
mili**tar**	pana**de**ro	trauma**tó**logo
ac**tor**	estu**dian**te	
	coci**ne**ro	
	poli**cí**a	

15.
Respuesta libre.

16.
1. Prohibido fumar.
2. No se puede tener el móvil activado.
3. Prohibido comer helados.
4. Prohibido entrar con perros.
5. No se puede entrar con patines.
6. Prohibido pasar bebidas.

17.
Respuesta libre.

18.
1. ¿Te ayudo a hacer fotocopias?
2. ¿Te ayudo a subir?
3. ¿Te ayudo a cruzar el semáforo?
4. ¿Le puedo ayudar a llevar la compra?
5. ¿La ayudo a colocar las cajas?

19.

1. Me	4. nos / me	7. os	10. te
2. nos	5. te	8. os	
3. me	6. te	9. Te	

I.

1-c. La de la falda / la que tiene el pelo rubio es Marylin Monroe.

2-b. El del bastón / el del sombrero negro / el del bigote pequeño es Charlot.

3-e. El gordito y el del bigote pequeño es Hardy (el Gordo); el alto y flaco es Laurel (el Flaco).

4-a. El gordo y con barba es el rey Enrique VIII.

5-f. La del vestido negro y largo / la del pelo largo es Rita Hayworth.

6-d. El de las gafas redondas / el del bigote ancho / el del puro es Groucho Marx.

2.

Posibles respuestas

1. Hay algún hombre mirando al mar.
2. Hay algunas nubes en el cielo.
3. Ho hay ningún castillo de arena.
4. No hay ninguna persona pelirroja.
5. No hay nada tirado en la playa.
6. No hay nadie con bañador amarillo.
7. Hay algo de viento.
8. Hay alguien con bañador gris.

Dibujo: A.

3.

1. nada	5. algo	9. Alguien
2. nadie	6. Alguna	10. nada
3. nadie	7. nada	
4. ninguna	8. Algunos	

4.

1. Tengo una fotografía / algunas fotografías de Estocolmo.
2. No he visto a nadie en el portal.
3. A todos les gusta ese disco.
4. No hay nada de bebida en la botella.
5. Nadie está hablando en la escalera.
6. No hay ninguna papelera en el parque.
7. No he comprado ninguna novela de ciencia-ficción.
8. En mi habitación no hay ningún póster.
9. No tengo nada de dinero en el banco.
10. En el zoo de Madrid no hay ninguna jirafa.

5.

1. Cubiertos (cuchara, tenedor y cuchillo): para comer.
2. Bolsa: para llevar cosas.
3. Llave: para abrir.
4. Silla: para sentarse.
5. Teclado de ordenador: para escribir.

6.

1. o-fi-ci-na	6. pla-za
2. ta-ller	7. es-ta-ble-ci-mien-to
3. al-ma-cén	8. mer-ca-do
4. des-pa-cho	9. clí-ni-ca
5. juz-ga-do	10. ves-tí-bu-lo

7.

1. **tris**te	6. estu**pen**do
2. incre**í**ble	7. agra**da**ble
3. maravi**llo**so	8. bo**ni**to
4. diver**ti**do	9. **ma**lo
5. di**fí**cil	10. ba**ra**to

8.

	estudiar	escribir	tener	poner	ser
yo	estudie	escriba	tenga	ponga	sea
tú	estudies	escribas	tengas	pongas	seas
él	estudie	escriba	tenga	ponga	sea
nosotros	estudiemos	escribamos	tengamos	pongamos	seamos
vosotros	estudiéis	escribáis	tengáis	pongáis	seáis
ellos	estudien	escriban	tengan	pongan	sean

9.

1. Deseo que venga bien.
2. Deseo que me toque la lotería.
3. Espero que vuelvas pronto.
4. Quiero que me compres esta piruleta.

10.

Respuesta libre.

II.

1. te guste	5. tenga	9. trabaje
2. cene	6. sea	10. seas
3. terminemos	7. ponga	
4. salgáis	8. hagas	

12.

Posibles respuestas

1. ¡Que te calles!	3. ¡Que te diviertas!
2. ¡Que estudies!	4. ¡Que te mejores!

13.

Respuesta libre.

14.

Marisa: ¡Hola, chicos! ¿Qué tal?

Esther: ¿De dónde vienes con tantas bolsas?

Marisa: De compras.

Carlos: ¿Qué te has comprado?

Marisa: Mirad. Unos pantalones, una camisa…

Esther: ¡Qué bonitos son los pantalones! La camisa… ¡Qué suave!

Carlos: Me encantan. ¡Qué preciosidad!… ¡Qué bonita es la camisa!

Marisa: También me he comprado unos zapatos.

Esther: ¿Te han costado esto? ¿Este es el precio?

Marisa: Sí, qué caros, ¿no?

Carlos: Pero son de piel. ¡Deben de ser cómodos!

Marisa: También me he comprado un chal.

Esther: ¡Qué colorido!

Carlos: ¡Qué bonito!

Marisa: Y… por último, esta chaqueta.

Esther: ¡Qué grande!, ¿no?

Carlos: ¡Qué cara…! ¡Estás loca!
Marisa: Ya. Pero necesitaba ropa…

	pantalón	chaqueta	camisa	zapatos	chal
Esther	¡Qué bonitos!	¡Qué grande!	¡Qué suave!	¡Qué caros!	¡Qué colorido!
Carlos	¡Qué preciosidad!	¡Qué cara!	¡Qué bonita!	¡Qué cómodos!	¡Qué bonito!

15.

1. Son mis libros.
2. Es vuestro coche.
3. Es nuestro apartamento.
4. Es tu dinero suelto.
5. Es su pantalón.
6. Es tu moto.
7. Es nuestra habitación.
8. Son tus gafas.
9. Es su jersey.
10. Es mi bolso.

16.

1. ¿Son tuyos los apuntes?
2. ¿Has escuchado mi contestador?
3. ¿Tienes nuestro teléfono móvil?
4. ¿Son vuestros los papeles?
5. ¿Es tu casa?
6. ¿Has comprado su último CD?
7. ¿Elena es vuestra nuera?
8. ¿Es esta vuestra casa?
9. ¿Es este tu hermano?
10. ¿Son estos sus libros?

LECCIÓN 7

ámbito 1

1.

	yo	tú	él	nosotros	vosotros	ellos
trabajar	he trabajado	has trabajado	ha trabajado	hemos trabajado	habéis trabajado	han trabajado
vestirse	me he vestido	te has vestido	se ha vestido	nos hemos vestido	os habéis vestido	se han vestido
salir	he salido	has salido	ha salido	hemos salido	habéis salido	han salido
levantarse	me he levantado	te has levantado	se ha levantado	nos hemos levantado	os habéis levantado	se han levantado
comer	he comido	has comido	ha comido	hemos comido	habéis comido	han comido
acostarse	me he acostado	te has acostado	se ha acostado	nos hemos acostado	os habéis acostado	se han acostado
ver	he visto	has visto	ha visto	hemos visto	habéis visto	han visto
decir	he dicho	has dicho	ha dicho	hemos dicho	habéis dicho	han dicho
romper	he roto	has roto	ha roto	hemos roto	habéis roto	han roto
ser	he sido	has sido	ha sido	hemos sido	habéis sido	han sido

2.

deshacer — deshecho
descomponer — descompuesto
revolver — revuelto
soltar — suelto
cubrir — cubierto
poner — puesto
hacer — hecho
ver — visto
decir — dicho
devolver — devuelto
descubrir — descubierto
freír — frito
rehacer — rehecho
recubrir — recubierto
morir — muerto

3.

tengo, levantarme, desayunar, es, me presento, tengo, vestirme, dar, tengo, llevar, tengo, ir, tengo, importa, hay, estoy, tengo, hacerlo

3.1 Esta mañana **he tenido** que levantarme temprano y desayunar rápidamente. **Ha sido** una mañana importante en mi trabajo. Me **he presentado** ante mi nuevo jefe. **He tenido** que vestirme bien para dar una buena impresión y **he tenido** que llevar todos los papeles de mi currículo.

He tenido que ir en autobús a mi trabajo porque tengo el coche roto. Pero no me **ha importado** porque hay una línea de autobús muy cerca de casa. ¡**He estado** nerviosa! ¡**He tenido** que hacerlo todo muy bien!

4.

Posibles respuestas

1. He comprado la prensa de mi país en el quiosco.
2. He asistido a clase de español con mis amigos.
3. Me he tomado un café en el bar de la esquina.
4. He hecho la compra y he ordenado mi habitación.
5. He preparado mi viaje del fin de semana próximo.

5.

Moira **se ha levantado** temprano esta semana. Todos los días **ha tenido** exámenes a primera hora de la mañana. Después de los exámenes **ha ido** a la biblioteca a estudiar y **ha pasado** por la fotocopiadora para recoger sus nuevos apuntes. Las tardes las **ha dedicado** a estudiar. Por las noches **ha paseado** un rato con su perro. Así se **ha olvidado** un poco del estrés y de los nervios de todo el día.

6.

Posibles respuestas

1. Hemos estado caminando durante seis horas por unas montañas bastante escarpadas. **Ha sido agotador.**
2. Nos hemos reunido en el hotel y nos hemos pasado la tarde jugando a las cartas. **Ha sido estupendo.**
3. Nos hemos perdido en el monte y una patrulla de guardias forestales ha venido a rescatarnos. **Ha sido horrible.**
4. Hemos encontrado muchas especies vegetales que no conocemos. Nuestro profesor de Botánica se ha puesto muy contento. **Ha sido interesante.**
5. Hemos pasado toda la tarde viendo la televisión. **Ha sido aburrido.**
6. Nos han explicado cuántos senderos hay en estas montañas y cuáles son los caminos que deben seguirse. ¡Han estado hablando tres horas! **Ha sido un rollo.**

7.

Posibles respuestas

1. espantosa; 2. maravilloso; 3. un rollo; 4. agotador; 5. interesante; 6. aburrido; 7. divertida; 8. horrible; 9. agotador; 10. emocionante.

8.

1. Ya
2. todavía / aún
3. todavía / aún
4. Ya
5. todavía / aún
6. Ya
7. Todavía / Aún
8. ya
9. ya
10. todavía / aún

9.

Posibles respuestas

1. Claudia no ha guardado todavía su bañador y Daniel ya lo ha puesto en la maleta.
2. Claudia ya ha puesto su toalla de playa y Daniel también.
3. Claudia ha comprado ya unas playeras blancas y otras azules, pero Daniel no ha comprado todavía sus zapatillas deportivas.
4. Claudia no ha comprado todavía su crema protectora y Daniel ya la ha puesto en su maleta.
5. Claudia no ha elegido todavía sus cinco camisetas y Daniel ya ha guardado sus camisetas.
6. Claudia ha guardado ya tres pantalones cortos y Daniel no ha elegido todavía los vaqueros y los pantalones cortos que se va a llevar.
7. Ni Claudia ni Daniel han guardado todavía sus cinco mudas.
8. Claudia ha buscado ya sus gafas de bucear y Daniel ya tiene sus gafas de sol.
9. Claudia todavía no sabe qué libro de lectura llevar y Daniel ya ha guardado sus crucigramas.

10.

Posibles respuestas

1. Sí, ya la he visitado / No, todavía no la he visitado.
2. Sí, ya lo he usado / No, todavía no lo he usado.
3. Sí, ya las hemos depositado en los contenedores / No, aún no las hemos depositado en los contenedores.
4. Sí, ya los ha separado para reciclarlos / No, todavía no los ha separado para reciclarlos.
5. Sí, se han apuntado ya a una ONG / No, no se han apuntado todavía a una ONG.
6. Sí, ya han preparado las próximas vacaciones / No, todavía no han preparado las próximas vacaciones.

7. Sí, ya lo he tenido / No, todavía no lo he tenido.
8. Sí, ya lo he llamado / No, no lo he llamado todavía.
9. Sí, ya lo hemos jugado / No, todavía no lo hemos jugado.
10. Sí, ya la ha comido / No, todavía no la ha comido.

11.

utilizable, inflamable, potable, reciclable, impermeable, creíble, amable, vendible, soportable, imposible

12.

alcantarilla, papel, vertedero, ecológico

13.

Posibles respuestas

Podemos aprovechar mejor los **recursos** naturales del planeta. La vida ha ido complicándose poco a poco de manera que los hombres no pueden vivir sin determinados adelantos **tecnológicos.** ¿Alguien piensa lo que puede ser nuestra vida sin la lavadora, por ejemplo? ¿Y sin los aviones? Pero ¿adónde van a dar las aguas sucias de las lavadoras? ¿Y los **humos** de los aviones? En cualquier caso, no podemos vivir sin los **avances** tecnológicos. ¿Qué sería de nosotros sin la luz eléctrica o sin papel? Lo que tenemos que hacer es **racionalizar** el gasto y **reciclar** todo lo que desechamos.

14.

1. depuradora; 2. vertidos; 3. reciclaje; 4. contenedores; 5. reciclar vidrio.

15.

mari**po**sa	cala**ve**ra	Can**ta**bria
rómpelo	escu**cha**	entre**més**
cli**má**tico	enferme**dad**	importa**ción**
las**ti**ma	**lá**grimas	plo**mi**zo
monta**ño**so	are**no**so	ne**va**do

16.

al**fom**bra	ca**se**ta	colcho**ne**ta
pálido	**cá**mara	in**tér**prete
trenza	mam**pa**ra	calle**jue**la
tuna	opi**nión**	teles**co**pio
pi**lón**	severi**dad**	orde**nan**za
vieira	**lám**para	ma**trí**cula
ocio	a**bri**go	humani**dad**
ani**mal**	bu**fan**da	condi**cio**nes

ámbito ❷

1.

1. debajo; 2. al lado; 3. enfrente; 4. encima; 5. cerca; 6. lejos; 7. delante; 8. detrás.

2.

Si has dado 8 respuestas a), te preocupas muy poco por el medio ambiente. Si has dado 8 respuestas b), por personas como tú nuestro planeta está «enfermo». Si has dado 8 respuestas c), ¡excelente!, eres una persona cuidadosa y comprometida con el medio ambiente. Si has dado 8 respuestas d), estás concienciado y sabes lo que hay que hacer, pero no lo haces; siempre esperas que otra persona lo haga por ti.

3.

1. Yo **he** estado aquí varias veces.
2. Estamos **en** casa de Pedro.
3. Todavía **no** ha venido Juan con sus amigos.
4. Voy **a** la calle para dar un paseo.
5. Entramos **en** la casa.
6. Siempre miras la televisión cuando la tienes **delante** de ti.
7. Han cortado el árbo**l de** la plaza.

8. Habéis **hablado por** teléfono **con** María.

9. Se ha caído el jarrón y se ha **roto en** tres pedazos.

10. Está p**á**lido porque **no** ha tomado **el** sol.

4.

1. Montaña. 2. Río. 3. Valle. 4. Volcán. 5. Playa. 6. Océano. 7. Nieve. 8. Bosque. 9. Cordillera. 10. Prado.

5.

1. por	8. De; a
2. para	9. desde; hasta
3. a	10. en
4. hacia	11. para / a
5. hasta	12. por
6. en	13. a
7. desde	14. desde

6.

Es grande y tiene dos pisos. Está **en** el campo. Tiene **enfrente** un parque muy bonito. Allí hay árboles, uno **al lado del** otro. Mi casa está **cerca del** río. **Por encima del** río hay un puente muy antiguo que une el pueblo **con** la gran ciudad. **Debajo del** puente hay una pequeña playa adonde vamos a bañarnos todos los **del** pueblo cuando hace mucho calor. **Detrás de** la casa tengo un pequeño jardín **en** el que voy a plantar rosas y lechugas (¡me encantan las lechugas!). Ya he dicho que mi casa tiene dos pisos. **En** el piso de **arriba** hay dos grandes ventanales y **en** el piso **de abajo** están la puerta y una ventana. **Debajo de** la ventana también voy a plantar rosas, para verlas desde mi sillón cuando leo y escucho música.

Como la zona es muy tranquila, puedo pasear **en** bicicleta **por** el campo, **desde** el puente **hasta** mi casa. Otras veces salgo a pasear y camino **hacia** el prado, que está un poco **lejos,** pero me viene bien caminar. A veces tomo el autobús que va **para** la gran ciudad y me deja **delante de** la puerta **de** casa.

LECCIÓN 8

ámbito ❶

1.

	trabajar	cantar	ver	nacer	vivir
yo	trabajé	canté	vi	nací	viví
tú	trabajaste	cantaste	viste	naciste	viviste
él	trabajó	cantó	vio	nació	vivió
nosotros	trabajamos	cantamos	vimos	nacimos	vivimos
vosotros	trabajasteis	cantasteis	visteis	nacisteis	vivisteis
ellos	trabajaron	cantaron	vieron	nacieron	vivieron

2.

1. nacer ➡ nacimiento

2. morir ➡ muerte

3. vivir ➡ vida

4. estudiar ➡ estudio

5. trabajar ➡ trabajo

6. viajar ➡ viaje

7.

Esta mañana me he levantado temprano y me he duchado. He preparado el desayuno (una tostada con mantequilla y **mermelada,** zumo de naranja y café **con** leche). Luego he cerrado la maleta y he llamado a un taxi.

Ahora, camino del aeropuerto, pasa toda mi vida **delante de** mí. He vivido con Juan durante dos años. Nos hemos querido **muchísimo** y hemos vivido momentos emocionantes. Todos los recuerdos se agolpan en mí. Recuerdo nuestra boda **en** Oviedo. Recuerdo nuestro viaje de luna de **miel** a los Alpes suizos. Recuerdo **sus** regalos. Recuerdo **las** llamadas telefónicas desde la **playa** (él de vacaciones y yo en la oficina **todavía**). ¡Recuerdo tantas cosas! Pero **ahora** voy a subirme al avión y a marcharme de España y de su vida. Tengo que aprender a vivir **sin** él. La razón es muy sencilla: he sabido que está casado **en** Granada con otra **mujer** y que tiene tres hijos.

8.

Respuesta libre.

9.

1. busco; 2. lastima; 3. saltó; 4, toco; 5. hablo; 6. paro; 7. escuchó; 8. pelo; 9. ensució; 10. canto

10.

¿Quiere venir? - Vienes mañana a casa - ¡Me lo ha comprado! - ¡Eres un tonto! - ¿Hay un problema? - ¿Te da asco? - ¡Qué coche tienes!

11.

Posibles respuestas

amable: que es agradable en la conversación y en el trato.

nevado: que está cubierto de nieve.

sucio: que tiene manchas, polvo u otras sustancias.

reciclable: que puede ser transformado o aprovechado de otra manera.

contaminación: degradación del medio ambiente.

3.

1. trabajamos; 2. habló; 3. visitó; 4. compraron; 5. conocí; 6. nació; 7. terminó; 8. empezamos; 9. encontró; 10. cumplieron.

4.

Respuesta libre.

5.

1. Al terminar sus estudios, se marchó de viaje.

2. Al acabar de estudiar, buscó trabajo.

3. Al alquilar su primer piso, la ayudaron sus padres.

4. Al visitar Nueva York, compró muchos regalos.

5. Al acabar de cenar, se fue a dormir.

6. Al salir de viaje, llevamos muchas maletas.

7. Al publicar su primer libro, tuvo mucho éxito.
8. Al ir a la playa, nos pusimos muy morenos.
9. Al ver la película, se enamoró del actor.
10. Al casarse, dejó de trabajar.

6.

1. ter**mi**no
2. termi**nó**
3. sa**lí**
4. **fuis**te
5. sa**li**mos
6. na**ció**
7. cono**ci**mos
8. **vi**no
9. via**jó**
10. **via**jo

7.

Respuesta libre.

8.

1.
Se conocieron en 2004
Hace x años que se conocieron.

2.
Se casaron en 2008.
Hace x años que se casaron.

3.
Tuvieron mellizos en el año 2010.
Hace x años que tuvieron mellizos.

4.
Les tocó la lotería en el año 2013.
Hace x años que les tocó la lotería.

9.

Respuesta libre.

10.

	estar	ser	morir	leer	poder
yo	estuve	fui	morí	leí	pude
tú	estuviste	fuiste	moriste	leíste	pudiste
él	estuvo	fue	murió	leyó	pudo
nosotros	estuvimos	fuimos	morimos	leímos	pudimos
vosotros	estuvisteis	fuisteis	moristeis	leísteis	pudisteis
ellos	estuvieron	fueron	murieron	leyeron	pudieron

11.

El fin de semana pasado fuimos a Madrid. Viajamos en avión desde Barcelona; el viaje es muy corto y así se aprovecha más el tiempo. Cuando salimos de Barcelona hacía un sol espléndido.

Lo primero que hicimos cuando llegamos a Madrid fue pasear por la ciudad; es preciosa. Por la noche llovió, así que nos quedamos en el hotel. El sábado por la mañana fuimos a El Retiro; nos gustó mucho, pero como el día anterior estuvo lloviendo no pudimos montar en las barcas. Después fuimos al Museo del Prado; es impresionante. Por la noche cenamos en un restaurante típico. Nos fuimos a dormir pronto porque el avión de regreso salía a las diez y media de la mañana.

	verdadero	falso
Fueron a Madrid.	x	
Perdieron las maletas.		x
Llovió.	x	
Les gustó El Retiro.	x	
Montaron en barca.		x
Visitaron el museo del Prado.	x	

12.

1. **¿Cuándo os conocisteis?** Nos conocimos el año pasado.
2. **¿Cuándo terminaste la carrera?** Terminé la carrera en 2008.
3. **¿Cuándo naciste?** Nací en 1988.
4. **¿Cuándo empezaste a trabajar?** Me contrataron hace nueve meses.
5. **¿Cuándo abriste el restaurante?** Abrí el restaurante hace cinco años.

13.

1. tuvieron; 2. estuvimos; 3. se quedó; 4. viajaron; 5. fueron; 6. detuvo; 7. hicieron; 8. aparqué; 9. compró; 10. sentí.

14.

Posible respuesta

Jorge Andrade nació en 1980 en Barcelona. En 1985 se trasladó con su familia a vivir a Londres. Comenzó a estudiar en 1986. Terminó el Bachillerato en 1998. En el año 1999 regresó a Barcelona y comenzó a estudiar la carrera de Derecho. En 2003 conoció a María en la universidad. En 2004 terminó la carrera y ese año se casó con María. En 2005 comenzó a trabajar en un despacho. En 2008 nació su primer hijo y se trasladaron a vivir a Madrid. En 2010 nació su segundo hijo; ese mismo año tuvo un accidente. En el año 2015 volvió a Barcelona.

ámbito ❷

1.

A: Recordad, tenéis que contestar en el tiempo establecido. Yo diré la fecha, y vosotros, por turnos, el acontecimiento que sucedió en España en ese año, ¿de acuerdo? Buena suerte, empezamos. Primera pregunta, ¿1986?
B: España entra en la CEE.
A: ¿1992?
C: Mil novecientos..., se celebraron las primeras olimpiadas en España, en la ciudad de Barcelona.

A: ¿2001?
D: Abolición del servicio militar obligatorio.
A: ¿2002?
E: El euro entra en circulación.
A: Por último, ¿2010?
F: España se proclamó campeona de la Copa del Mundo de fútbol, en Sudáfrica.

Año	Acontecimiento
1986	España entra en la CEE.
1992	Se celebraron las primeras olimpiadas en España, en la ciudad de Barcelona.
2001	Abolición del servicio militar obligatorio.
2002	El euro entra en circulación.
2010	España se proclamó campeona de la Copa del Mundo de fútbol, en Sudáfrica.

2.

1. Las Olimpiadas fueron en x. Las Olimpiadas tuvieron lugar en el año x.

2. La Exposición Universal fue en x. La Exposición Universal tuvo lugar en el año x.

3. El Mundial de Fútbol fue en x. El Mundial de Fútbol tuvo lugar en el año x.

4. La Cumbre Hispanoamericana fue en x. La Cumbre Hispanoamericana tuvo lugar en el año x.

5. La Cumbre Mundial sobre las Mujeres fue en x. La Cumbre Mundial sobre las Mujeres tuvo lugar en el año x.

3.

Año	Acontecimiento científico
1953	Descubrimiento de la estructura del ADN.
1967	Primer trasplante de corazón.
1978	Nacimiento del primer bebé probeta.
1997	Clonación de un ser vivo a partir de una célula madre.

4.

Respuesta libre.

5.

	construir	dar	decir	repetir	poner
yo	construí	di	dije	repetí	puse
tú	construiste	diste	dijiste	repetiste	pusiste
él	construyó	dio	dijo	repitió	puso
nosotros	construimos	dimos	dijimos	repetimos	pusimos
vosotros	construisteis	disteis	dijisteis	repetisteis	pusisteis
ellos	construyeron	dieron	dijeron	repitieron	pusieron

6.

Respuesta libre.

7.

1. Esta mañana ......
2. Anoche ......
3. Esta primavera ......
4. Este año ......
5. El último verano ......
6. Hace cinco años ......
7. En 1990 ......

8.

1. he desayunado
2. hicieron
3. he visto
4. vivió / ha vivido
5. has comido
6. atropelló
7. llegamos
8. gané
9. he hecho
10. se compró

9.

cercanas		lejanas	
esta tarde	hoy	esa tarde	ayer
nunca	esta semana	en febrero	esa semana
hace un rato	alguna vez	hace cinco años	el mes pasado

10.

	cercano	lejano
En 1990 murieron muchas personas en las carreteras españolas.		x
Esta tarde me he comprado el último disco de Rosana.	x	
Hace un rato que han llamado por teléfono a Luis.	x	
El 5 de julio de 1990 empezó a trabajar.		x
Este año no he comprado lotería.	x	
Aquel fue un mal año para la economía española.		x
El fin de semana pasado cenamos en un restaurante árabe.		x
Nunca he visto una película de Corea.	x	
Hace cinco años que se casaron.		x
El último invierno fuimos a esquiar a Sierra Nevada.		x

11.

Respuesta libre.

12.

Posibles respuestas

Alojamientos: hotel, hostal, pensión, albergue, campin, apartamento, bungaló…

Cosas necesarias para viajar: maletas, dinero, guía de viaje, pasaporte…

Acciones: coger un tren, visitar museos, comer comida típica, caminar, pasear, hacer autostop…

13.

¡Hola, Luisa!

¿Qué tal? Te escribo para contarte mi fantástico fin de semana en la playa. **He regresado** esta mañana y **me he puesto** a escribirte. **Salí** el viernes por la tarde y **llegué** a las 7 a Benidorm. **Estuve** tres días allí. El viernes por la noche **fui** a una discoteca y **bailé** muchísimo. **Me acosté** a las 4 de la madrugada. El sábado **me levanté** temprano y **estuve** todo el día en la playa. Allí **conocí** a un chico guapísimo. **Comí** en un restaurante con él. Por la tarde, **paseé** por la ciudad con mis amigos. Ayer, domingo por la mañana, **hice** algunas fotos en la playa, pero **me olvidé** la cámara de fotos en el chiringuito. ¡Cuando se entere mi hermano…! Este fin de semana **ha sido** increíble. Bueno, escribe pronto.

Un beso

14.

Respuesta libre.

15.

A: Oye…, ¿cómo se pronuncian estas palabras?

B: A ver…, paella, pollo, callado, maya, playa, yo…

A: ¿Se pronuncian igual?

B: Bueno…, en zonas de España e Hispanoamérica se pronuncian igual, pero en otros lugares se pronuncian de manera diferente. Mira, Gustavo las diferencia… Gustavo, ¿puedes leer estas palabras?

C: Sí: paella, pollo, callado, maya, playa, yo…

A: ¿Puedes darme más ejemplos?
C: Pues…, con «y griega»…, a ver…, algunos indefinidos como *cayó, leyó, construyó*… Y algunos ejemplos con «ll»…, *billete, bombilla*…

16.

A: ¿Cómo se llama a una persona que habla poco?
B: Callado.
A: ¿Y el bastón del pastor?
B: Cayado.
A: ¿Cuál es el imperativo de usted del verbo *ir*?
B: Vaya.
A: ¿Y la pared de madera que rodea el jardín?
B: Valla.
A: ¿Cómo se llama la cultura de los indios mexicanos?
B: Maya.
A: ¿Y el pantalón elástico?
B: Malla.

1. callado; 2. cayado; 3. vaya; 4. valla; 5. maya; 6. malla.

17.

1. calló; 2. maya; 3. halla; 4. ralla; 5. haya; 6. poyo.

18.

1. calle; 2. galleta; 3. Uruguay; 4. collar; 5. ladrillo; 6. leyes; 7. apoyo; 8. payaso; 9. construyó; 10. hallamos; 11. llora; 12. yate; 13. bordillo; 14. yogur; 15. bombilla; 16. inyección;

17. yo; 18. callejón; 19. lluvia; 20. poyo.

LL	Y
calle	Uruguay
galleta	leyes
collar	apoyo
ladrillo	payaso
hallamos	construyó
llora	yate
bordillo	yogur
bombilla	inyección
callejón	yo
lluvia	poyo

19.

1. Los habitantes de Paraguay se llaman **paraguayos.**
2. El **pararrayos** sirve para parar los **rayos.**
3. Nos **callamos** para escuchar al **payaso.**
4. La **bombilla** de la **calle** está rota.
5. Yo nunca he conocido a un **uruguayo.**
6. El **yate** está anclado cerca de la **playa.**
7. Yo nunca como **yogur** desnatado.
8. Se **cayó** porque tropezó con el **bordillo** de la acera.
9. Nunca **llora** en público.
10. **Hallaron** el collar en la **calle.**

LECCIÓN 9

ámbito 1

1.

	trabajar	dormir	querer	vivir	preferir	pintar
yo	trabajaba	dormía	quería	vivía	prefería	pintaba
tú	trabajabas	dormías	querías	vivías	preferías	pintabas
él	trabajaba	dormía	quería	vivía	prefería	pintaba
nosotros	trabajábamos	dormíamos	queríamos	vivíamos	preferíamos	pintábamos
vosotros	trabajabais	dormíais	queríais	vivíais	preferíais	pintabais
ellos	trabajaban	dormían	querían	vivían	preferían	pintaban

4. Todos los días **llegabais** tarde a clase.
5. Nunca **ibas** a la discoteca.
6. Siempre **se acostaban** a las doce de la noche.
7. A menudo **salíamos** con los amigos.
8. Los fines de semana frecuentemente **veía** la televisión porque no me **gustaba** salir.
9. Cuando **éramos** jóvenes, no **pensábamos** en el futuro.
10. De pequeño **hacía** teatro en la escuela.

2.

ser - **era**   comer - **comía**   venir - **venía**
sentir - **sentía**   reír - **reía**   salir - **salía**
pensar - **pensaba**   tener - **tenía**   andar - **andaba**
hablar - **hablaba**   ir - **iba**   ver - **veía**

2.1. <u>Regulares</u>: sentir, pensar, hablar, comer, tener, venir, salir, andar, reír, ver
<u>Irregulares</u>: ser, ir

Los que terminan en **-ar** hacen el imperfecto en **-aba,** y los que terminan en **-er o -ir** lo hacen en **-ía.**

4.

1. Cuando era pequeño, **solía leer** muchos cuentos.
2. **Solíamos levantarnos** tarde los domingos.
3. **Solía ir** a la piscina en verano.
4. **Solíais llegar** tarde a clase.
5. **No solías ir** a la discoteca.
6. **Solían acostarse** a las doce de la noche.
7. **Solíamos salir** con los amigos.
8. Los fines de semana **solía ver** la televisión porque no me gustaba salir.
9. Cuando erámos jóvenes, **no solíamos pensar** en el futuro.
10. De pequeño **solía hacer** teatro en la escuela.

3.

1. Cuando **era** pequeño, **leía** muchos cuentos.
2. Normalmente **nos levantábamos** tarde los domingos.
3. Siempre **iba** a la piscina en verano.

5.

perro - **perra**   tigre - **tigresa**
gato - **gata**   conejo - **coneja**
león - **leona**   burro - **burra**
caballo - **yegua**   toro - **vaca**

6.

Ayer Cristina **se levantó** temprano. **Se dirigió** al baño, dispuesta a darse una ducha rápida. **Se miró** en el espejo. **Tenía** buena cara. **Mostraba** signos de sueño, pero **era** feliz. **Pensó** en Enrique y **sonrió**. **Recordó** los ratos que **pasaron** juntos. **Se preparó** el desayuno, **hizo** un zumo de naranja, **calentó** la leche **e hizo** café. **Puso** unas tostadas en el tostador. Mientras **desayunaba, escuchaba** la radio. Por las mañanas **había** un programa de entrevistas que le **interesaba** mucho. Más tarde **guardó** todos sus papeles y **salió** para la oficina. **Sacó** el coche del garaje y **condujo** con cuidado. «Hoy puede ser un gran día», **pensó**. Y **volvió** a sonreír.

7.

1. No, era antigua. Estaba un poco vieja.
2. Sí, los alumnos llevaban babi.
3. No, era feo y triste.
4. Había mesas, sillas, una pizarra, un mapa, niños, un profesor...
5. Escuchaban al profesor y se levantaban para contestar.
6. No, solo había niños.

8.

Posibles respuestas

- Todos los días veía la televisión.
- Frecuentemente vosotros os quedabais en el colegio.
- Muchas veces Antonio y Rebeca escribían poemas.
- Pocas veces estaba enfermo.
- Algunas veces tocabas el piano.
- Algunas veces iba de excursión.
- Todos los días salía de casa a la misma hora.

9.

1.
Entrevistador: ¿Qué recuerdas de tu infancia?
A: La casa donde vivían mis abuelos. Vivían en un pueblo pequeño rodeado de montañas.
   También recuerdo cuando mi abuelo nos contaba historias sentado en su sillón al lado de la chimenea.

2.
Entrevistador: Y tú, ¿qué recuerdas?
B: La escuela donde estudiaba y a mi profesora de Literatura. Era muy buena con los niños, jugaba mucho con nosotros y nos leía cuentos en la clase. Nos lo pasábamos muy bien.

3.
Entrevistador: Y tú, Inés, ¿qué recuerdas de tu infancia?
C: Las vacaciones de verano. Íbamos a la playa unos días y luego al pueblo a visitar a mis abuelos. Me encantaba correr por el campo con el perro de mi abuelo.

4.
Entrevistador: ¿Qué recuerdas de tu infancia?
D: Recuerdo que tenía una muñeca que era muy fea, pero a mí me gustaba mucho. Le hacía vestiditos con telas que me daba mi madre.

A. Recuerda la casa donde vivían sus abuelos, en un pueblo pequeño. También recuerda a su abuelo y las historias que contaba.
B. Recuerda la escuela en la que estudiaba y a su profesora de Literatura, que era muy buena y les leía cuentos.
C. Recuerda las vacaciones de verano. Iban a la playa y al pueblo de sus abuelos.

D. Recuerda una muñeca que le gustaba mucho, aunque era muy fea.

10.

1. Una persona que solo piensa en sí misma es **egoísta**.
2. Una persona que cuenta cosas de otras personas que no son verdad es **chismosa**.
3. Una persona que siempre dice la verdad es **sincera**.
4. Una persona que dice cosas que no son verdad es **mentirosa**.
5. Una persona a la que le cuesta mucho hablar con los demás es **tímida**.
6. Una persona que ve la vida de «color de rosa» es **optimista**.
7. Una persona que todo lo ve de forma negativa es **pesimista**.
8. Una persona de 19 años es **joven**.
9. Una persona que siempre cuenta chistes es **alegre**.
10. Una persona que piensa y reflexiona antes de hacer las cosas es **responsable**.

11.

1. **altruista**: persona que siempre piensa en los demás.
2. **discreto**: persona que no habla mal de los demás.
3. **mentiroso**: persona que dice cosas que no son verdad.
4. **sincero**: persona que siempre dice la verdad.
5. **atrevido**: persona que habla con todo el mundo.
6. **pesimista**: persona que todo lo ve de forma negativa.
7. **optimista**: persona que todo lo ve de forma positiva.
8. **viejo**: persona de avanzada edad.
9. **serio**: persona que se ríe poco o que no bromea mucho.
10. **irresponsable**: persona que actúa sin pensar.

12.

Entrevistadora: Teresa, ¿cuánto tiempo estuviste en Budapest?
Teresa: Cuatro años.
E: ¿Qué hacías allí?
T: Enseñaba español. Trabajaba como lectora en la Facultad de Económicas.
E: ¿Vivías sola?
T: Sí, vivía en un apartamento en el centro de la ciudad.
E: ¿Cómo era el apartamento?
T: Era pequeño, solo tenía un dormitorio, pero era muy acogedor.
E: ¿Tenías muchos amigos?
T: Sí, había muchos españoles trabajando allí y conocí a mucha gente. También tenía muchos amigos húngaros.
E: ¿Cómo era la gente húngara?
T: Los húngaros eran muy simpáticos y agradables conmigo.
E: ¿Cómo era la vida allí?
T: Muy distinta a la de España. Los horarios, las costumbres, todo era diferente. Comían a la una, se levantaban muy temprano y se acostaban pronto. Normalmente no salían por la noche. En fin, me costó mucho adaptarme.
E: ¿Te gustaba la comida?
T: No, no, al principio no. La primera semana comía huevos, queso y fruta.
E: ¿Qué hacías los fines de semana?
T: A menudo iba a la ópera o a algún concierto de música clásica. También solía viajar por los alrededores y me gustaba mucho pasear al lado del Danubio y por Isla Margarita. ¡Es una ciudad preciosa! ¿La conoces?

1. Enseñaba español. Trabajaba como lectora en la Facultad de Económicas.
2. Cuatro años.
3. En un apartamento en el centro de la ciudad.
4. Pequeño, con un solo dormitorio, pero acogedor.
5. Sí, españoles y húngaros.
6. Distinta a la de España: otros horarios, otras costumbres.
7. Al principio no le gustaba.
8. Iba a la ópera o a conciertos, viajaba, paseaba.

13.

Posibles respuestas

- Antes tenía novio, pero ahora estoy casada.
- Antes leía poemas, y ahora leo novelas.
- Antes montaba a caballo; ahora juego al tenis.
- Antes trabajaba en una oficina; ahora trabajo en una fábrica.
- Antes estudiaba inglés; ahora ya no estudio.
- Antes llevaba pendientes; ahora ya no me gusta.
- Antes regalaba una rosa el día de los enamorados; ahora no regalo nada.
- Antes hacía senderismo, pero ahora no tengo tiempo.
- Antes iba de vacaciones al campo, pero ahora prefiero ir a la playa.

14.

ANTES	AHORA
1. Dormía 10 horas.	**Duermo** 8 horas.
2. **Escribía** cartas.	No escribo.
3. Salía de copas.	No **salgo** nunca.
4. Me **gustaba** la música *rock*.	Me gusta la música clásica.
5. No llevaba pendientes.	**Llevo** tres en cada oreja.
6. A menudo íbamos de excursión.	Nunca **vamos** de excursión.
7. **Leía** novelas románticas.	Leo novelas históricas.
8. Hacía aerobic.	**Hago** yoga.

15.

1. Te he preguntado si **querías té.**
2. **Él** me ha dicho que el mercado de su pueblo es antiguo.
3. Mis problemas solo me interesan a **mí.**
4. A ti no pienso contarte eso.
5. **Sé** que voy a conseguir que se venga conmigo.
6. Si vienes esta tarde te va a explicar que se va de vacaciones.
7. **Tú** me has dicho que no te interesa.
8. Nos ha guiado **él,** que conoce bien la zona.
9. El que lo ha dibujado debe presentarlo ante el jefe.
10. **Dé** oportunidades y le **responderán** que **sí** a todo.

ámbito ❷

1.

1. Juan **sigue** hablando despacio en las conferencias.
2. Matilde **sigue sin** hablar despacio en las conferencias.
3. Algunos **siguen sin** comprometerse con la naturaleza.
4. Nadie **sigue** estudiando en esas condiciones.
5. Ella **sigue sin** poder enfrentarse a los problemas.
6. Nosotros **seguimos** reciclando papel.
7. Vosotros **seguís sin** hacer una vida sana.
8. Yo **sigo** leyendo libros de aventuras porque me gustan mucho.
9. ¿Tú **sigues sin** comer chocolate para no engordar?
10. M.ª Jesús **sigue sin** cambiar de carácter.

2.

Posibles respuestas

Antes Tomás era un poco antipático: pasaba gran parte de su tiempo encerrado en su habitación. Sin embargo, ahora se ha vuelto simpático. Sigue sin hacer gimnasia (en eso no cambia) y sigue siendo un gran tipo: tenía y tiene un gran corazón.

Lola antes se preocupaba por todo el mundo y estaba siempre ayudando a sus amigos, pero ahora se ha vuelto un poco egoísta. Ya no quiere hablar con sus amigos y ha dejado de recibirlos. A pesar de todo, sigue siendo cortés y educada. Sigue sin leer libros (hay cosas que nunca cambian) porque sigue prefiriendo otros entretenimientos.

3.

Posibles respuestas

1. Sigue fumando / Ha dejado de fumar.
2. Ha dejado de comer tanto. Antes era gordito y ahora ha adelgazado.
3. Sigue trabajando de profesor / Sigue sin cambiar de trabajo.
4. Ha dejado de hacer deporte.

4.

Posibles respuestas

1. Juan antes era un mal estudiante y era muy vago, pero ahora se ha vuelto muy estudioso.
2. Emma antes lo veía todo negro, pero ahora se ha vuelto optimista.
3. Pedro antes era un hombre muy serio, pero ahora se ha vuelto una persona alegre.
4. Sofía antes era una niña muy alegre y divertida, pero ahora se ha vuelto una niña muy triste.

5.

Posibles respuestas

1. Siempre hablo con Juan por las tardes.
2. La semana próxima voy a cambiarme de piso.
3. El verano pasado salí al extranjero.
4. El fin de semana pasado hicimos el trabajo juntos.
5. Este año estudio en la universidad.
6. Dentro de dos días va a venir Juan y me va a decir lo que quiere.
7. Durante las vacaciones salí de paseo todos los días.

6.

Posibles respuestas

ANTES	AHORA
1. No llevaba barba.	Lleva barba.
2. Usaba chaqueta con flores.	Ya no usa chaquetas con flores.
3. Le gustaban los perros.	Le gustan los gatos.
4. Nunca bebía.	Bebe algunas veces.
5. Pintaba con la mano.	Pinta con pinceles.
6. No llevaba gafas.	Lleva gafas.
7. Le gustaba estar descalzo.	Siempre lleva zapatos.

7.

1. comilona; 2. inevitable; 3. incurable; 4. interesante;
5. renovable; 6. verdaderas; 7. inteligente; 8. inmejorables;
9. risueño, alegre; 10. triste.

8.

1. Llegamos **a** las cuatro de la madrugada.
2. **Por** la mañana se encontraron con Luis.
3. **Desde** las diez **hasta** las doce están en mi despacho.
4. Escribió la novela **en** marzo de 1965.
5. Estamos **a** sábado y todavía no he terminado el trabajo.
6. **Por** las tardes, Ana sale con sus hijas al parque.
7. **De** abril **a** agosto estaré en Estados Unidos.
8. **Desde** 1997 **hasta** 1999 trabajó en la empresa de su padre.
9. Quedaba con sus amigos los sábados **por** la noche.
10. Vino **a** las seis y no se marchó **hasta** las diez.

9.

1. Todos los días, **por** las mañanas, nos encontramos cuando vamos a trabajar.
2. Voy a casa de Francisco todos los días **por** la tarde.
3. **Desde** las ocho y **hasta** las diez estaré de compras.
4. **En** 1987 viajó a París, donde comenzó sus estudios universitarios.
5. Se preparó los exámenes **en** marzo.
6. Vivo en México **desde** 1996.
7. Por fin, **en** diciembre, encontró un piso de alquiler a buen precio.
8. Le gustaba tocar el piano **desde** que era pequeño.
9. Trabajó en esa empresa **hasta** 1999; ese año lo despidieron.
10. Quiero que estés en casa **a** las diez de la noche.

10.

1. rojo; 2. comisaría; 3. íbamos; 4. tímido.

11.

El Coronel **era** un hombre de mal carácter y pocas palabras. **Era** alto y muy delgado, y su rostro se asemejaba al de un cadáver, pero todavía **conservaba** algo del hombre atractivo que fue en otros tiempos. En el pueblo todos le **tenían** miedo porque contaban que en una ocasión **mató** a un hombre simplemente por llevarle la contraria. Todas las tardes **iba** al bar al atardecer; **se sentaba** solo en un rincón y **contemplaba** la caída del sol. **Fumaba** constantemente y **bebía** mucho, más de lo aconsejable para su edad. La mayor parte de las veces **regresaba** a su casa borracho, cayéndose al suelo cada dos pasos. Yo **sentía** una gran curiosidad por saber cosas de su vida, por lo que **preguntaba** a unos y a otros, pero nadie me decía nada, ni siquiera mi madre, que con frecuencia me contestaba: «Niña, no menciones su nombre en esta casa». Yo lo **observaba** e, incluso, lo vigilaba (siempre he sentido atracción y admiración por personajes trágicos, perversos, perdedores, irracionales). En una ocasión lo **seguí** hasta su casa. **Entró** en ella dando gritos y patadas; **subió** a su habitación, **agarró** una botella de brandy y comenzó a beber. A los pocos minutos, **sacó** una pistola del cajón de la mesilla, **metió** una bala en el cargador y lo hizo girar. A continuación, **colocó** el cañón junto a la sien y **disparó**. Yo **cerré** los ojos aterrorizada; cuando los **abrí**, allí seguía él. Estaba temblando; sus ojos reflejaban perfectamente el miedo y el terror a la muerte, pero, al mismo tiempo, el deseo de acabar para siempre. Guardó la pistola y dijo: «Mala suerte, Coronel. Mañana tendrás que intentarlo otra vez».

12.

Posibles respuestas

Julia salió a pasear una tarde de otoño. Hacía buen tiempo. Su hija Irene, de tres años, se quedó en el parque con sus abuelos. Julia pensaba en los últimos cambios en su vida: el divorcio, el cambio de trabajo, la nueva casa... Pasó por la terraza de un restaurante y se sentó a tomar un café. Enfrente de su mesa había un hombre joven, moreno, mirando una guía de la ciudad. Cuando se tomó su copa de vino, se levantó y se fue hacia la salida, pero al salir resbaló con una piel de plátano. Se cayó al suelo y se golpeó la cabeza. Julia, que es médica, se levantó enseguida a ayudarlo. Estaba inconsciente. Llamó a una ambulancia. Cuando llegó, él, que se llamaba Álex, ya se encontraba mejor. Julia lo acompañó en la ambulancia hasta el hospital. Hablaron, se rieron. Álex la invitó a cenar. Ella aceptó. Después de unos meses de relación, decidieron hacer un viaje juntos al desierto con la pequeña Irene. Fue maravilloso. Allí conocieron a una niña huérfana. A Julia y Álex les encantaba estar con ella. La niña se llamaba Aisha y quería estudiar para ser médica como Julia. Pero no podía ir al colegio porque tenía que trabajar en el campo. Así que Álex y Julia decidieron adoptarla. Fueron al ministerio e hicieron todos los trámites para poder adoptarla. Por fin, un día volvieron los cuatro juntos de vuelta a casa.

13.

1.
bata - vaso - pipa - cepo - pala - batata - teja - tomar - cada - coto - pida - termo - gasa - goma - agotar - saca - cato - mango

2.
parra - barra - caro - perro - moro - mirra - amara - ahora - cerro

3.
molo - modo - memo - luna - pisar - tela

14.

Respuesta libre.

1.

Posibles respuestas

1. Yo seré matemática. Descubriré una microcomputadora. Crearé un banco *online* para los necesitados.

2. Yo seré pianista. Daré conciertos por todo el mundo. Participaré en conciertos por una buena causa.

3. Yo, de mayor, seré cocinero. Inventaré comidas exóticas. Participaré en concursos.

4. Pues yo seré profesor. Daré clases de español. Tendré amigos por todo el mundo.

5. Yo seré cantante. Grabaré un disco con Bisbal. Ganaré un Emy.

6. Yo, arquitecta. Construiré viviendas sociales. Seré innovadora.

2.

Manolito **será** un buen estudiante e **irá** a la universidad. Allí **conocerá** a unos amigos con los que **formará** un grupo de *rock*. Al principio **tocarán** en el garaje de Manolito, pero enseguida **darán** conciertos en bares de moda. **Actuará** más tarde con su grupo en un auditorio y **se hará** famoso. **Vivirá** una historia de amor con la guitarrista de su grupo, pero no **se casará** con ella, sino con una admiradora, con la que **será** muy feliz. **Tendrán** dos hijos. De mayor, **vivirá** en el campo con su familia, y en su tiempo libre **jugará** al golf.

3.

inventar: crear o descubrir, con estudio y habilidad, una cosa nueva.

investigar: intentar llegar a conocer una cosa estudiando, pensando o preguntando.

conservar: mantener o cuidar una cosa para que dure.

crear: producir una cosa.

secarse: perder una planta su aspecto verde y fresco. Quedarse sin agua un río, una fuente.

agotar: gastarlo todo; acabar con una cosa.

desarrollar: hacer crecer o aumentar algo; mejorar.

destruir: romper o hacer desaparecer. Hacer que una persona o cosa deje de ser útil.

descubrir: encontrar lo que no se conocía o estaba oculto.

reciclar: transformar o aprovechar una cosa para un nuevo uso o destino.

4.

Posibles respuestas

1. Se inaugurará el Teatro Monumental.

2. El Secretario General de la ONU dará una conferencia en Lisboa.

3. La reina de España visitará México.

4. Este fin de semana tendrá lugar la presentación de la moda otoño-invierno del conocido diseñador Pedro Rodríguez.

5.

I.

Y por último, adelantamos algunas noticias de prensa previstas para mañana:

- Por fin, Penélope Cruz llegará con su familia a Madrid procedente de Estados Unidos para pasar las Navidades.

- Se ha confirmado la llegada del presidente de Gobierno a Venezuela; visitará ese país durante una semana.

- De nuevo la música se viste de gala. Shakira y Juanes cantarán juntos. Además, el festival de *rock* rendirá homenaje a Freddy Mercury.

- Una buena noticia para el cine español: Un grupo de actores y actrices de España e Hispanoamérica recibirá un premio por su carrera artística.

2.

Y ahora las noticias deportivas:

- Nuevo partido en el Santiago Bernabéu, donde el Real Madrid jugará contra el Atlético de Madrid.

- Por último, Rafa Nadal competirá en el próximo torneo de tenis.

1. Penélope Cruz **vendrá** a Madrid con su familia para pasar las Navidades.

2. El presidente de Gobierno **viajará** a Venezuela durante una semana.

3. El Real Madrid **jugará** contra el Atlético de Madrid en el Bernabéu.

4. Rafa Nadal **competirá** en el torneo que se **celebrará** en el nuevo estadio de tenis.

5. Juanes y Shakira **cantarán** juntos en el festival de música pop.

6. Los cantantes de *rock* de todo el mundo **homenajearán** a Freddy Mercury.

7. La Academia de cine **premiará** a varios actores y actrices españoles e hispanoamericanos por toda una vida dedicada a la interpretación.

6.

Posibles respuestas

1. Si María sale por la noche, **se acostará** tarde y **dormirá** durante todo el día.

2. Si duerme durante todo el día, mañana no **podrá** ir a clase y **quedará** con un compañero para tener los apuntes.

3. Si **queda** con el compañero, **tomará** algo y **llegará** tarde a casa.

4. Si **llega** tarde a casa, se **acostará** tarde y **dormirá** durante todo el día.

5. Si **duerme** durante todo el día, no **podrá** ir a clase y...

7.

Padre: Hijo, no puedes seguir así… ¿No te preocupa tu futuro?

Hijo: Sí, papá, claro que sí.

Padre: Pues lo que tienes que hacer es estudiar, y dejar de jugar al fútbol a todas horas. Si estudias mucho irás a la universidad y…

Hijo: A mí me gusta jugar al fútbol.

Padre: Sí, ya lo sé, pero ¿qué vas a ser? ¿Futbolista o… no sé, abogado, por ejemplo? Si vas a la universidad serás abogado.

Hijo: Yo quiero ser futbolista.

Padre: ¿No dices siempre que quieres viajar?

Hijo: Sí.

Padre: Pues si eres abogado, un buen abogado, tendrás muchísimo dinero. Y si tienes dinero, viajarás mucho.

Hijo: Los futbolistas también ganan mucho dinero, bastante más que los abogados.

Padre: Ya, hijo, pero no es lo mismo… Entiende que…

- Estudiar y no jugar al fútbol a todas horas.
- Si estudia, irá a la universidad y se hará abogado.
- Si es abogado, tendrá mucho dinero y podrá viajar.

8.

Respuesta libre.

9.

Respuesta libre.

10.

1. La ingeniería genética permitirá clonar seres humanos, es decir, crear seres humanos idénticos. Podremos clonar a Einstein, a Gandhi y a otros grandes hombres. La clonación permitirá mejorar la raza humana. **A favor.**

2. Sí, la clonación permitirá también clonar a asesinos, dictadores, etc. Es un atentado contra la naturaleza. La raza humana tiene que mejorar por sí misma. La ingeniería genética, en general, acabará con la naturaleza. El hombre tiene que volver hacia atrás y recuperar algunos estados anteriores. **En contra.**

3. Yo estoy de acuerdo. Además, los avances de la ingeniería genética serán utilizados sobre todo por los ricos. Como siempre, se convertirán simplemente en buenos negocios. **En contra.**

4. La ingeniería genética estará al servicio del ser humano en general, y los científicos tratarán de que llegue a todo el mundo. Es verdad que tiene algunos inconvenientes, pero las ventajas son mayores: se curarán muchos enfermos, se podrán prevenir numerosas enfermedades; viviremos más años. **A favor.**

5. Yo también tengo esperanzas en los avances tecnológicos. La ciencia siempre ha ayudado al hombre a mejorar su situación, a hacer que su vida sea más placentera. Tenemos miedo a lo desconocido, por eso nos asustan estos descubrimientos, pero sin duda mejorarán nuestra calidad de vida. El progreso es imparable, no podemos detenerlo. **A favor.**

11.

Respuesta libre.

12.

Posibles respuestas

– Te picarán los mosquitos. ➪ No importa. Compraré alguna crema.

– Comerás cosas extrañas. ➪ Da igual, así probaré comidas exóticas.

– No verás la televisión. ➪ Mejor, dedicaré mi tiempo a actividades más interesantes.

– Tendrás que andar mucho. ➪ Es bueno hacer deporte; estaré en forma.

– Será peligroso por los animales. ➪ Tendré mucho cuidado.

– No podrás dormir por la noche. ➪ Pierdo demasiado tiempo durmiendo: aprovecharé al máximo mi vida.

13.

Posibles respuestas

1. Quizás el señor Castro esté enfermo y no pueda levantarse de la cama para llamar por teléfono.

2. A lo mejor se ha ido de vacaciones a la playa para descansar unos días.

3. Tal vez esté enamorado y se olvide de todo: de trabajar, de comer, de comprar...

4. A lo mejor le ha tocado la lotería y ahora es millonario y no necesita trabajar.

5. Quizás esté en el parque porque se ha gastado todo el dinero y no tiene casa.

14.

Posibles respuestas

1. Han suspendido el concierto de Alejandro Sanz. Tal vez, **esté enfermo y no pueda actuar.**

2. Ha venido la policía a hablar contigo. A lo mejor, **han encontrado tu pasaporte.**

3. Tengo fiebre. Quizás **tenga gripe.**

4. No sé qué voy a hacer en verano. A lo mejor, **me voy a la playa con mis padres.**

5. Quiero buscar un nuevo trabajo. Tal vez, **encuentre alguno con buenas condiciones económicas.**

6. Hoy hemos hecho el examen de español. Ha sido un poco difícil. Quizás, **lo suspenda.**

7. Peter y Marie están discutiendo. Tal vez **se han enfadado porque Marie ya no quiere salir con él.**

8. ¡Qué extraño! No hay nadie en la escuela. A lo mejor **no hay clase.**

9. Dice mi horóscopo que el próximo año será estupendo. Quizás, **me toque la lotería.**

10. Se ha ido la luz de repente. Tal vez, **haya algún problema en la central a causa de la tormenta.**

I.

1. a. te
2. b. el
3. a. Cuántos
4. a. Es
5. c. es; Tiene
6. c. Hay
7. a. dormimos
8. b. Le
9. c. gustan
10. c. también

11. b. siga; gire
12. b. se; Me
13. c. beber
14. a. las muelas
15. a / b / c
16. a. voy a visitar a mi amigo Juan
17. a. Me la llevo
18. c. Ábrela, ábrela
19. a. Se puede

20. c. hay
21. b. es que
22. b. ¡Que os divirtáis!
23. c. todavía no lo he leído
24. c. he visto
25. c. Han abierto
26. b. nació
27. a. organicé

28. a. divertidísima
29. c. era; llevaba
30. c. se ha vuelto
31. a. estuve; tenía
32. c. pondremos
33. b. encontraré
34. a. llamo
35. a. esté

2.

Respuesta libre.